国家京剧院艺术家系列丛书

瑜采流长

刘长瑜 评传

彭维 著

文化发展出版社
Cultural Development Press
·北京·

图书在版编目（CIP）数据

瑜采流长：刘长瑜评传 / 彭维著. —— 北京：文化发展出版社，2025.1. ——（国家京剧院艺术家系列丛书）. —— ISBN 978-7-5142-4579-0

Ⅰ. K825.78

中国国家版本馆CIP数据核字第2024YA9639号

国家京剧院艺术家系列丛书

瑜采流长

刘长瑜评传

彭　维　著

出 版 人：宋　娜
责任编辑：周　蕾　　　　责任校对：侯　娜　马　瑶
责任印制：邓辉明　　　　封面设计：多杰太
出版发行：文化发展出版社（北京市翠微路2号 邮编：100036）
发行电话：010-88275993　010-88275711
网　　址：www.wenhuafazhan.com
经　　销：全国新华书店
印　　刷：北京利丰雅高长城印刷有限公司

开　　本：787mm×1092mm　　1/16
字　　数：272千字
印　　张：20.25
版　　次：2025年1月第1版
印　　次：2025年1月第1次印刷

定　　价：158.00元
ＩＳＢＮ：978-7-5142-4579-0

◆ 如有印装质量问题，请与我社印制部联系　电话：010-88275720

| 国家京剧院艺术家系列丛书 |

主　编

王　勇　袁慧琴

副 主 编

魏丽云　田　磊　张勇群

执行副主编

彭　维

总序

国家京剧院艺术家系列丛书

万物静默如谜　图文自有天地

曾经一个懵懂青年，他怀揣着青春梦想，在这里成长，从这里"出走"，又重新回到这里，对这里始终充满着感激和依恋，有着复杂和深厚的情感。这个地方就是国家京剧院，我就是那个青年。

国家京剧院是人民的剧院，是党和国家的剧院。从鲁艺旧剧研究班开端，到鲁艺平剧团、延安平剧研究院，再到1955年1月10日中国京剧院成立和2007年正式更名国家京剧院至今，待到2025年1月10日，国家京剧院即将迎来建院70周年华诞，作为文化和旅游部直属的唯一国家戏曲院团，毛泽东、邓小平、江泽民、胡锦涛、习近平等党和国家领导人都对剧院的建设和发展给予了无微不至的亲切关怀和大力支持，其命运和历程始终与祖国、与人民和党的文艺发展方向紧密联系在一起。在历史绵延、时代变幻的重要关口，我们总能感受到国家赋予京剧和剧院的特殊地位，感受到投身民族文化传承和文化自信建构的伟大使命。

回望70年辉煌历程，剧院承载着导向性、代表性、示范性职能，始终听党话、跟党走。在党的领导下，剧院数代表演艺术家、演奏家、剧作家、导演、作曲家、舞台美术家、史论评论家，用心血和汗水铸就了京剧艺术的时代光华与声名远播。表演艺术大师梅兰芳、李少春、袁世海、叶盛兰、杜近芳，导演阿甲，剧作家翁偶虹、范钧宏……一串串闪光的名字享誉四海。从延安革命时期引领戏曲改革先声，到如今迎面百年未有之大变革，剧院始终坚持推陈出新、守正创新的艺术理念，实践善于继承、精于借鉴、勇于创新、长于塑造人物形象的艺术追求，也逐渐形成了艺术严谨、舞台清新、阵容齐整的艺术风格。前贤后侪，薪火相续，剧院排演了600多部不同题材、体裁的优秀剧目；担负了文化交流的重任，出访50余个国家和地区，为增进中国人民同世界各国人民的友谊做出了历史性贡献。

日月沧桑流转，文明血脉汩汩相续。喧嚣沸腾的大数据时代，网络无限发达的当下，诗人们深情吟咏万物静默如谜，我期待艺术自在发声。作为浸淫戏曲和相关艺术创作多年的从业者，作为也曾听说和见证剧院辉煌历史的后来人，我深感剧院一代又一代艺术家承载着中华优秀传统文化继往开来的历史使命，担当着建立戏曲传承谱系、高扬传统文化旗帜的职责，艺术家们的辉煌成就见证和体现了党领导下的人民艺术、国家院团在民族文化发展史上的重要影响，在艺术领域的耕耘与积累树立了中华文化的民族尊严和东方形象，在世界舞台上也书写下了浓墨重彩的独特华章。艺术的美和美的创造者应当发声，以自在的独特方式。

京剧是多么令人心醉神迷的艺术，历200余年传承发展，融音乐、舞蹈、戏剧和美术等多种形式于一体，其独特的丰富性和鲜明的民族性彰显了中华文明的连续性，创新性，统一性，包容性，和平性，其本身也成为最具民族特色的国家文化名片和鲜明艺术标志之一。相应地，京剧艺术家们作为中华优秀传统文化典型形态和重要内容的表演者、表现者，他们创造的美的形式与丰蕴内涵值得被珍视、被保存、被铭记、被传扬。在对艺术资料的保护与抢救上，把非物质文化遗产的重要承载者和一代又一代传承人作为保护重点，实现口传心授的记录与视像化留存，实乃剧院的重要工作内容之一。近年来，剧院举办了一系列艺术家座谈会和纪念演出，深情缅怀李少春、袁世海、叶盛兰、杜近芳、张云溪、张春华、李世济、刘秀荣、张春孝等艺术家，也格外珍视、珍惜尚且健在的艺术家。非遗活态传承的工作虽然千头万绪，但出版"国家京剧院艺术家系列丛书"的念头一直萦绕在我的心头。作为剧本创作者和文艺院团管理者，我珍惜文字、图片、视像，想方设法留住曾经和正在发生的那些美，用文字、用图片、用心去记录这些美的瞬间与美的创造者。

在我的阅读经验中，能读到具有传奇风采的艺术家文本与图册也是人世间的纯粹乐事之一，在或真实，或灵动，或深邃的文字里，在或美丽，或完整，或残缺的图片里，在或明或暗的光景间，在或浓或淡的色彩中，那些瞬间的在场或者离场都会开辟出新的视域与场域。翻开书，阅读者仿佛在参与书传对象的别致人生，自我个体也会在那些美好的艺术家身上得到更加个性化、更加艺术化的熏陶与洗礼。杰出的灵魂留下的经验是对生活的捕捉、对生命的体悟，它让你与过去重遇，与当下接通，也引发你对未来的期许和对诗与远方的向往。我希望"丛书"里略显疏阔的叙述和用心精选的图像能给读者提供这样的光照与尺度，记住过去，展望未来，鼓舞更多的人去尝试追求更有价值的、更加美好的艺术与人生。

我于2020年冬回到剧院，转过春节"国家京剧院艺术家系列丛书"项目正式启动，梳理卷帙浩繁的史料档案，以"描绘国京谱系，书写名家艺事，铸就国粹精神，打造文化名片"为宗旨，以对历史文献进行再创作的理念，通过图文并茂的画传、评传形式，力求呈现出剧院历代艺术家的生平事迹、艺术谱系、舞台风采和人格魅力，讲好台前幕后的故事，建立一份生动的、有关剧院的、有关京剧的别样档案，也为读图时代的现实渴求提供更加丰富、可靠的路径。"丛书"文史结合，图文并构，第一批付梓在即，我的内心实在欢欣而忐忑。

记忆是我们留给世界的唯一证据，唯有铭记，精神的光才可能突破有限的生命极限，实现无限的指引。往事并不如烟。记忆的长河或滔滔汩汩、奔涌澎湃，或泠泠淙淙、婉转从容，"丛书"勉力而为之，也不过撷取漫溢浪花数朵，载入簿册，雪泥鸿爪，且付从容翻阅。

全国政协委员
国家京剧院院长 王勇
中国戏剧家协会副主席
2025年1月

前言

我愿叫您一声"先生"

"先生"二字，从字面上理解，最初只是指早生之人，后引申出不同的含义，其中一层意思是把具有影响力、受人尊重或者德高望重的人称先生，对女性称"先生"则显示出更大的尊敬和热爱。

我愿意叫刘长瑜为先生。

长瑜先生是著名京剧表演艺术家，曾担任全国人大代表、全国政协委员、中国戏剧家协会副主席、中国京剧艺术基金会理事长、中国京剧院副院长、国家京剧院艺术指导、国家京剧院艺术指导委员会主任等职。她退出演员一线，"转行"行政管理之后，仍致力于京剧普及推广和人才培养，为京剧艺术薪火相传呕心沥血；专业上，她激励后辈层楼更上，艺海无涯；管理上，她教导晚生与人为善，培根铸魂。我作为编剧，梨园行里叫"打本儿的"，也算是"行里人"，对长瑜先生最负盛名的代表作如《红灯记》《春草闯堂》等舞台和文本双重典范之作，当然是烂熟于胸。她的学艺、演艺、授艺历程和艺术成就，在即将出版的《瑜采流长：刘长瑜评传》中已经做了较为全面的呈现，而她炉火纯青的表演艺术，至今仍叫观众念念不忘、津津乐道，我就不在此赘言了。

国家京剧院是一所有着辉煌历史的剧院，一代又一代艺术家累积的艺术荣光应当被纳入记忆数据库。"国家京剧院艺术家系列丛书"出版策划目标明确，我在"丛书"总序中已经有过详细阐述，长瑜先生理所当然地列属其中。一开始，长瑜先生并未答应出版《瑜采流长》评传，包括其他好几个重要机构找到剧院想为她做专门展演或展示，我出面征询她的意见时，她也是一概"不给面子"地予以回绝。真正有大成就、有大贡献的艺术家往往为人谦逊、行事低调，反而令人肃然起敬。我拗不过长瑜先生，唯有遵命作罢。

2025年，国家京剧院即将迎来建院70周年大庆，"丛书"的编著、出版成为院庆的重要内容。为此，我托创作和研究中心主任彭维博士又一次"游说"长瑜先生，再三表明：她的艺术不仅代表个人，更属于剧院。给她出评传，才可能让更多的人，特别是青年演员们看一看传主的艺术人生，在感受艺术之美的同时，感悟美好艺术背后的破茧成蝶，美丽艺术家背后不为人知的蛰伏、忍耐、坚守和付出，最终达到对青年演员们有所启示、有所激励的目的。长瑜先生毕竟是心软之人，没有再驳我们的面子，最终应允了下来。

我于2020年底出任国家京剧院院长，却面临着各行当领军人才匮乏、优秀拔尖人才断档、青年后备人才储备不足的窘况。随后，我做了一个"百日集训"活动，遴选一批领军、拔尖人才为培养对象，安排一系列专场演出，开展"大练功"，举行"大拜师"，18个青年演员、演奏员拜11位剧院内外的名师大家，进行"一对一""一对二"的"传、帮、带"，希望通过传承有序的京剧生态圈重建培养更多可用之才。"大拜师"是剧院时隔61年后的又一次盛举，在业内和全社会产生强烈反响。一系列举措的出台，我事先曾向长瑜先生请教，得到她的鼎力支持。从设想到实施，从蓝图到实现，长瑜先生看在眼里，喜在心上，她替青年演员们、孩子们感到高兴，觉得大家碰上了好时代，遇见了好领导。我自然不敢自诩做得怎么样，更不敢说做得怎么好，能得到长瑜先生的肯定，不免既庆幸又惶恐。

"百日集训"如火如荼地进行期间，在文旅部的支持下，剧院将三团改组为青年团，聘请长瑜先生当艺术顾问，从越剧改编移植京剧《五女拜寿》作为开团大戏演出，17个青年演员，生旦净丑、梅尚程荀，全梁上坝，显示出剧院后继有人，展现了青春的实力。早在20世纪90年代初，长瑜先生担任中国京剧院副院长的时候，曾创建青年团，抓出了一批优秀剧目，推出了一批人才。如今重建青年团，她更是兴奋不已，对我们的工作方向给予充分的肯定和大力的支持。我每每与长瑜老师见面，她总是对我说："你原来是个小胖子，现在又瘦了，累瘦了！"作为"过来人"，长瑜先生是懂得院团管理的苦和难，理解院领导的退与进的。她鼓励我工作上虽千头万绪，但要把剧目、人才、演出当头等大事，常抓不懈，尤其是后继人才的培养宜久久为功，梯队建设更是刻不容缓。长瑜先生常到剧院来说戏、传戏，如果我想找她的话，一问便知她一准儿在排练厅排戏。她来也悄悄,去也悄悄,总是叮嘱她的学生不要跟我说,不要打扰我。她偶尔到我办公室小坐,说的都是艺术创作、人才培养上的事,哪出戏可以考虑排,哪个青年演员不要再耽误了,从来不会跟我说与戏无关的事和人。她还时常给我带话,像家里的长辈一般惦记我的身体。这份惦记是那么的温暖,一直温暖至今……

长瑜先生是善于思考之人。她塑造的人物形象总是那么光彩照人,同是出身卑微、心地善良的丫鬟,如梅英、春草、春兰、燕燕,她演得各不相同;同为英雄人物形象,如李铁梅、小英、田小雁,她演得风格各异,可谓一人千面,面面惊鸿。这是功夫,更是功力!长瑜先生对每个人物都有深入的理解,尊重传统却不受程式化束缚,既满足了观众对传统技艺的审美需求,又让人感受到推陈出新的艺术创造。她教戏认真,总是想方设法让学生知其然并知其所以然。她讲《苏小妹》这出戏开启了京剧旦行才女形象之窗,讲《红灯记》李铁梅的身份定位,讲"四个丫鬟"的区别。说戏就如同我们编剧立主旨、定结构,先立稳根基,定准方向,再接续技术手段、细节雕琢。所以,她教戏往往事半功倍,学生得明师指点,成长很快。

长瑜先生是慷慨无私之人。京剧《苏小妹》是著名京剧表演艺术家吴素秋先生的代表作之一,20世纪80年代,她曾向吴素秋先生学习过,并于1983年在香港成功演出。苏小妹这个角色融花衫、青衣、花旦、小生表演于一炉,是全面历练演员的好戏。时光荏苒,长瑜先生已年逾八旬,为给剧院培养年轻人,她特别挑选了这部没怎么传承过的剧,亲自担任艺术指导,将她当年所学倾囊相授。她对学生负责,剧院花旦拜师的、未拜师的,都跟她学过戏,或在学校学过,或在剧院学过,甚至在她家里学过。我得空也会去排练厅看望她,发现她每教一出戏,学戏的学生往往不只是担当演出任务,有角色的花旦,总是谁得空谁来,一个演多个学,一出戏教一批。复排《苏小妹》的时候,虽是张译心和王珺两组轮流演,但剧院其他学花旦行的,还有北京京剧院的、中国戏曲学院的、北京戏曲艺术职业学院的,甚至全国京剧院团的花旦演员也常常围坐共学。当然,长瑜先生肚里阔绰,"说全堂"是常态,小生、丑行等相关行当、角色,甚至乐队也往往获益匪浅。

长瑜先生一心为公,责任心强。在2022年11月剧院举办的"大拜师"仪式上,长瑜先生坦言自己从艺71年,到国家京剧院工作61年,首次亲历如此隆重、震撼的集体拜师仪式,数度哽咽落泪。她感动之余表示一定要薪火相传,替师传艺。不久,全国政协京昆室调研组围绕

"新时代戏曲人才队伍建设"来国家京剧院调研，长瑜先生作为艺术家代表，积极为演员发声。2023年9月，为促进两岸文化交流，增进同胞情谊，共商国粹京剧传承发展大计，剧院召开"同宗同源 同文同艺——海峡两岸京剧传承发展座谈会"，长瑜先生深情回忆剧院与台湾地区的艺术往来，感慨海峡两岸为传承中华民族智慧、文化和美学载体京剧做出的不懈努力。11月，剧院召开新入职演职员工见面会，长瑜先生结合自身学艺和从艺经历，分享了作为演员的职业操守与责任使命，讲述了自己在表演生涯中的感悟与心得。剧院组织学习习近平总书记在文艺工作座谈会上的讲话、组织学习党的二十大报告精神等政治活动，以及开展创作规划、专业考核、艺术指导等业务活动时，总能见到长瑜先生的身影，总能听到她深思熟虑的发言。只要是有利于国家京剧院发展的事，有益于京剧事业发展的事，她总是有求必应。尽管早已步入"80后"，长瑜先生依然默默地为京剧事业的传承出力，为京剧的未来谋求发展。她着眼大局，服从组织；她脚踏实地帮忙不添乱，一心埋头做实事，可谓初心不改，奉献不已，坚守着中华文化立场，用实际行动为青年人做榜样，树标杆。

"嗟君如美玉，外彻中乃厚。"长瑜先生如玉般温润而丰盈，行动力强劲而内心充实，她以精湛的艺术功力演尽世间美好女子，创造了宝贵的艺术财富；她用真挚的人格魅力，成为剧院后生晚辈的良师益友。

行文至此，忽得最新消息，长瑜先生获得文化和旅游部"全国非物质文化遗产保护工作先进个人"称号，实至名归，可喜！可贺！可赞！

白云苍狗，日月沧桑，而我始终愿意叫您一声"先生"。

王勇

2025年1月

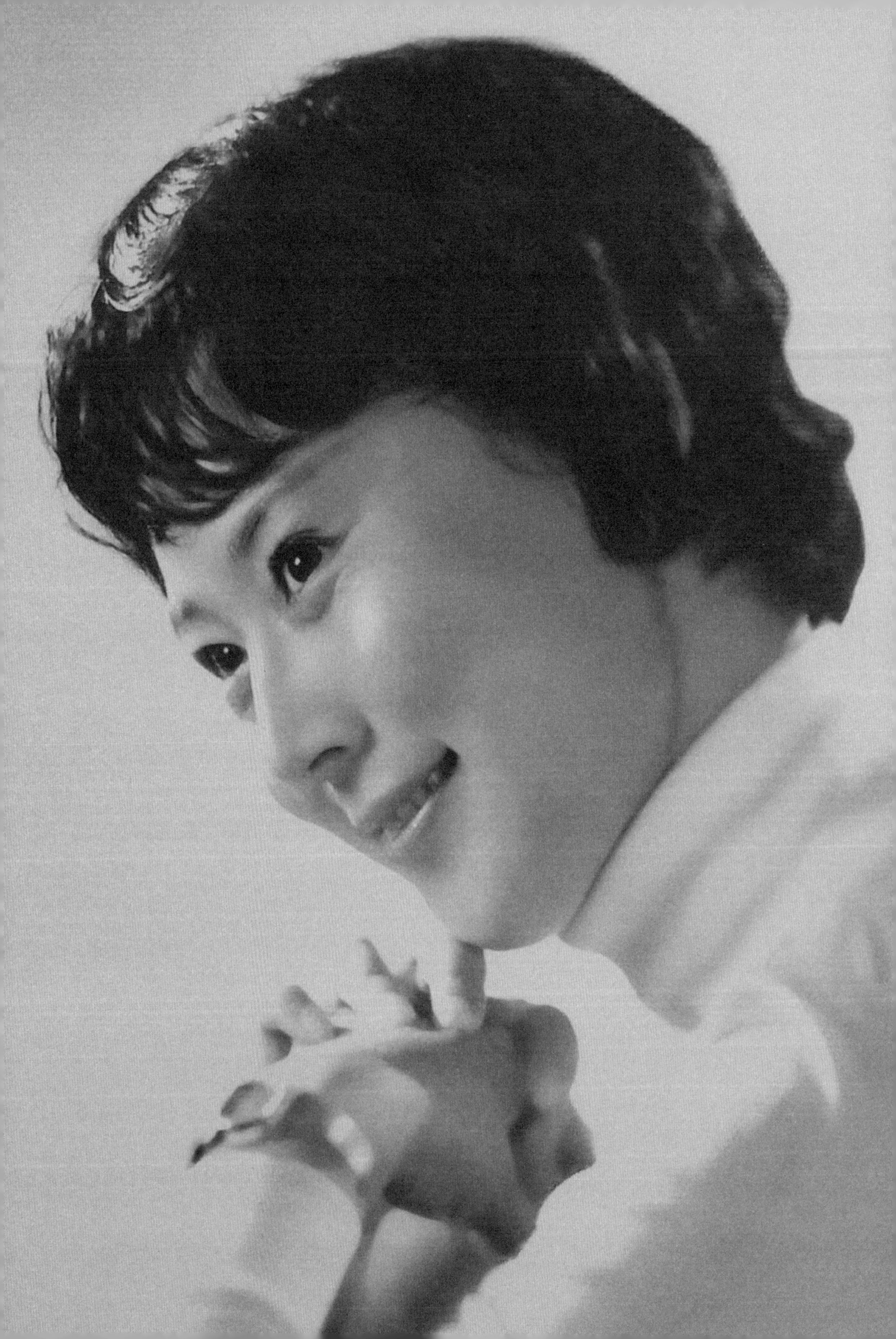

刘长瑜（1942—）

刘长瑜，女，祖籍江苏无锡，1942年1月14日出生于北京市，国家一级演员，曾任中国京剧院副院长，国家京剧院艺术指导委员会主任、艺术指导；中国戏剧家协会副主席；中国京剧艺术基金会理事长。享受国务院特殊津贴。曾任第四届、第八届、第九届、第十届、第十一届全国人大代表，第六届、第七届全国政协委员。

1951年至1959年，就学于中国戏曲学校，师从华慧麟、赵桐珊、筱翠花、于玉蘅、罗玉萍、范富喜等30余位老师。其间（1958年）得到荀慧生先生亲授，学习《红楼二尤》。1959年，于中国戏曲学校毕业，参加中国戏曲学校实验剧团，任主演并在戏校授课，得到京剧名家雪艳琴、李玉茹、吴素秋、童芷苓，昆曲名家俞振飞，汉剧名家陈伯华，豫剧名家陈素真、姚淑芳等老师的传艺指点。在学校学习及实验剧团期间，学习并实践演出的剧目包括：《六月雪》（探监、法场）、《骂殿》、《玉堂春》（三堂会审）、《打渔杀家》、《春香闹学》（昆曲）、《岳家庄》（扮演岳云姐姐）、《花田错》（搓麻绳、做鞋）、《铁弓缘》（茶馆）、《三击掌》、《母女会》（探寒窑）、《搜孤·救孤》（扮演程妻）、《朱痕记》、《下山》（昆曲）、《芦花河》、《汾河湾》、《宇宙锋》（修本、金殿）、《能仁寺》、《辛安驿》（杀店、洞房）、《四进士》（扮演万氏）、《得意缘》（扮演狄云鸾）、《双合印》（扮演丫鬟）、《游龙戏凤》、《虹霓关》、《扈家庄》、《四郎探母》、《坐楼杀惜》（闹院、杀惜）、《一匹布》、《打花鼓》（凤阳花鼓）、《悦来店》、《红梅阁》、《三不愿意》、《红楼二尤》、《西厢记》（扮演红娘）、《貂蝉》、《碧波潭》、《卖水》、《柜中缘》、《王二姐思夫》、《叶含嫣》、《贵妃醉酒》、《打金枝》、《打神告庙》、《拾玉镯》、《辛安驿》、《追鱼》、《白蛇传》、《牛郎织女》、《武则天》（扮演婉儿）、《香罗帕》、《金玉奴》等。移植评剧，创作了现代戏《爱甩辫子的姑娘》。

1962年6月，从戏曲学校实验剧团调到中国京剧院。在中国京剧院，排演的剧目以时间为线索，大致包括：1963年，移植创排《春草闯堂》，扮演春草。1964年，参加《红灯记》排演，扮演李铁梅，并参加全国京剧现代戏展演。1971年，参加现代戏《平原作战》创排，扮演小英子。1972年，完成《红灯记》彩色电影拍摄。1974年，参加现代戏《草原兄妹》创排，扮演斯琴。1979年，参与《红灯照》创排，扮演田小雁。1981年，整理复排《红楼二尤》，扮演尤三姐、尤二姐。1982年，移植改编《燕燕》，扮演燕燕；同年拍摄电视戏曲艺术片《燕燕》。

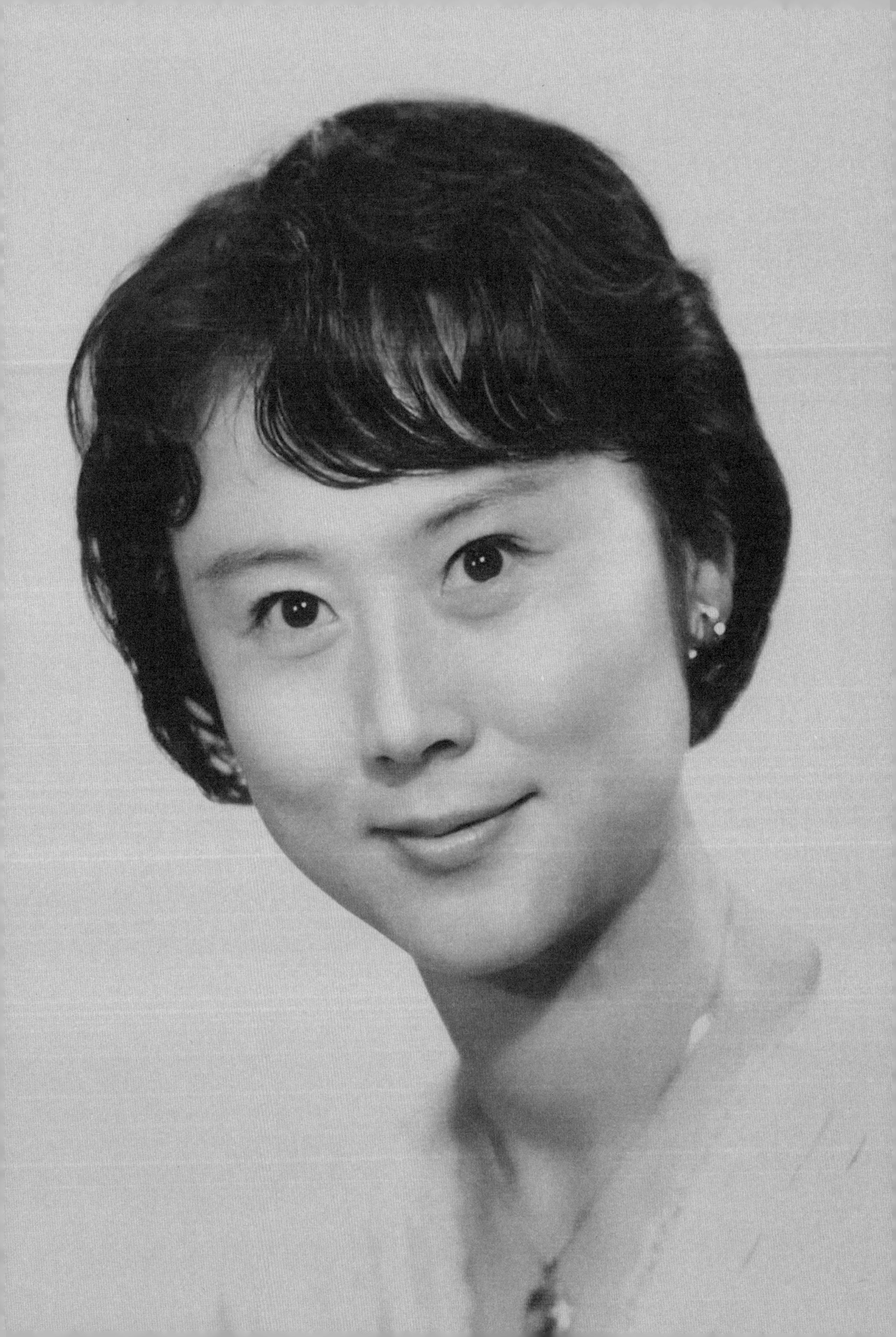

在 70 余年的京剧艺术实践中，刘长瑜继承传统，敢于探索，善于理解，勇于创新，在虚心求教、博采众长的基础上融会贯通，在恰当运用京剧表演程式塑造剧中人物方面做出了有益的实践，对花旦行当的继承和发展做出了贡献，取得了显著成果。其扮相俊俏，嗓音甜美，口齿清晰，身段优雅，表演真切动人。刘长瑜在舞台上塑造的不同时代、不同性格的年轻妇女形象，既有传统艺术美，又有强烈的时代感，雅俗共赏，富有新意，形成了清新洒脱的独特艺术风格。

退出演出一线后，刘长瑜曾任中国京剧院副院长、中国京剧艺术基金会理事长等职，致力于戏曲普及推广和艺术人才培养，为京剧艺术薪火相传呕心沥血。

【任职】

1962 年，中国剧作家协会常务理事，中华全国青年联合会常委；

1975 年 1 月，第四届全国人大代表；

1980 年 1 月，北京海淀区人大代表；

1983 年 8 月，第六届全国青联常委；

1985 年，中国戏剧家协会常务理事；

1986 年，第六届全国政协委员；

1988 年，第七届全国政协委员；

1993 年 3 月，第八届全国人大代表；

1994 年，中国京剧院青年团名誉团长；

1996 年 2 月，中国京剧院副院长；

1997 年，中国京剧优秀青年演员研究生班导师；

1998 年 3 月，第九届全国人大代表；

2000 年，第五届中国戏剧家协会副主席；

2001 年，中国戏曲学院表演专业研究生导师；

2003 年 3 月，第十届全国人大代表；

2005 年，第六届中国戏剧家协会副主席；

2006 年，中国京剧艺术基金会理事长；

2008 年 3 月，第十一届全国人大代表。

【殊荣】

1979 年，在《红灯照》中饰演田小雁，荣获文化部举办的建国 30 周年演出一等奖；同年被文化部评为"三八红旗手"；

1981 年，在《红楼二尤》中饰演尤三姐、尤二姐，荣获文化部颁发的表演一等奖；

1982 年，拍摄电视戏曲艺术片《燕燕》，荣获央视首届电视"鹰像奖"；

1983 年，在《春草闯堂》中扮演春草，荣获首届中国戏剧"梅花奖"；

1992 年，荣获中国唱片总公司"金唱片奖"；

1993 年，荣获"梅兰芳金奖大赛"（旦角组）金奖，新时期京剧"八大名旦"之首；

1995 年，荣获文化部"先进工作者"称号；

1997 年，荣获中国文联"德艺双馨中青年艺术家"称号；

2008 年 1 月，入选文化部第二批国家级非物质文化遗产项目（京剧）代表性传承人；

2024 年，荣获文化和旅游部"全国非物质文化遗产保护工作先进个人"称号。

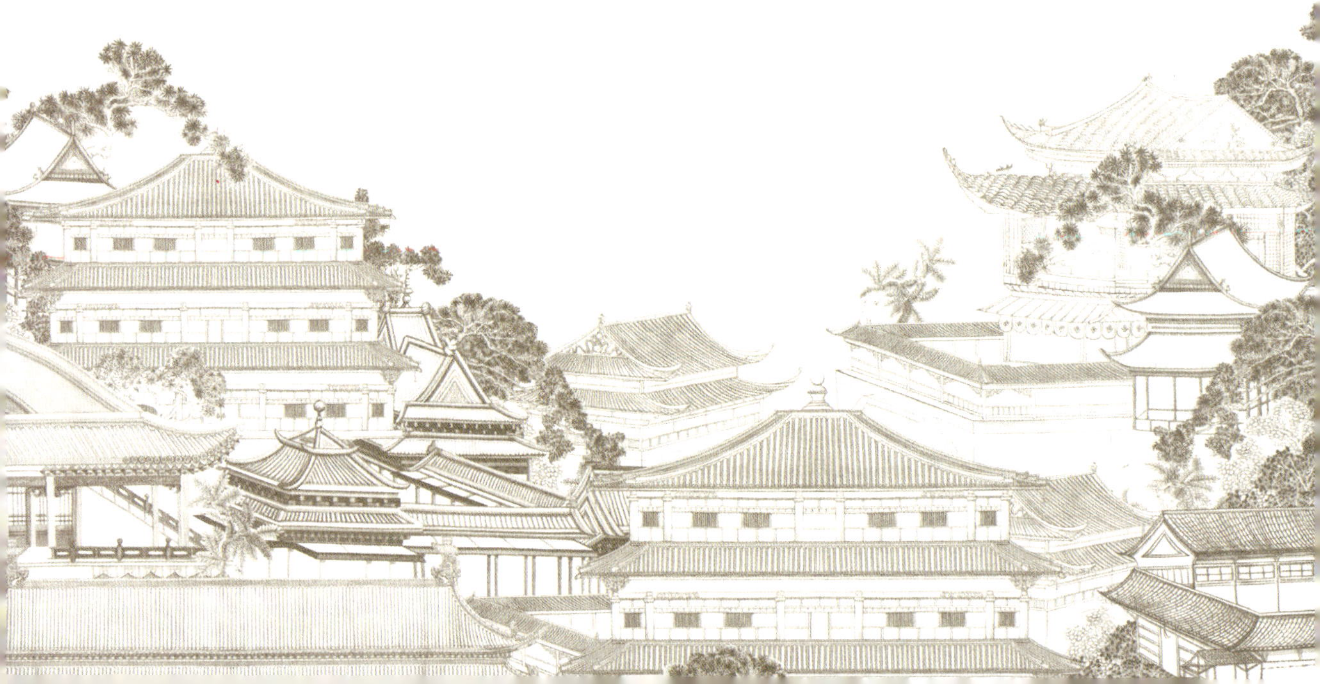

目录

第一章　学艺 /1
第一节　根扎戏校 /2
第二节　转益多师 /7
第三节　博观约取 /23

第二章　演艺 /33
第一节　剧目纷呈 /34
《桃花村》啼笑反成鸳鸯 /34
《春草闯堂》丫鬟行善乖张 /41
《秋江》相思困锁离船 /64
《野猪林》旁观"神仙"说法 /68
《红灯记》融铸传家宝 /70
《平原作战》中华好儿女 /106
《惠嫂》昆仑山上草 /113
《草原兄妹》人民小英雄 /116
《风雪云山路》壮志万里酬 /121
《红灯照》丹心挽乾坤 /123
《卖水》回雪舞萦盈 /134
《辛安驿》安能辨雌雄 /144

《拾玉镯》清水出芙蓉　　　　　　　/158

《红楼二尤》香冢悼双姝　　　　　　/163

《金玉奴》棒打薄情郎　　　　　　　/178

《燕燕》相思与君绝　　　　　　　　/182

《玉树后庭花》生于忧患　死于安乐　/194

《四郎探母》旗装自有样　　　　　　/203

《游龙戏凤》几曾看王侯　　　　　　/210

　第二节　千练千演　　　　　　　　/214

　　深入生活　　　　　　　　　　　/214

　　扎根基层　　　　　　　　　　　/219

　　文化交流　　　　　　　　　　　/226

第三章　授艺　　　　　　　　　/239

　第一节　让台搭台　　　　　　　　/240

　第二节　桃李天下　　　　　　　　/244

余　　良匠采斫　　　　　　　　/271

　第一节　梨园少年　江湖行走　　　/274

　第一节　老生打底　武生归行　　　/276

　第三节　珠联璧合　幕后编创　　　/278

【第一章】

学艺

第一节
根扎戏校

:: 左起刘长瑜、十一姐周长云、九姐周长卿、大侄女、十二哥周长安

:: 刘长瑜儿时

:: 1951年报考中国戏校

　　1951年，刘长瑜9岁，因为父亲很喜欢京剧，就去报考了中国戏校并且顺利入校。刚入校的学生戏校是管饭的，一日三餐，咸鸭蛋就半个窝窝头，辣咸菜丝随便吃，这对她来说已经很满足了。她那时年纪很小，算是贪玩儿的，也不知

道要额外多用功，闲时跑到芦苇塘、河沟边捞蝌蚪。自己的日常生活，像是拆洗被子之类的事，还是刘秀荣、谢锐青等师姐帮衬。

等到年龄大一些了，刘长瑜在学校也懂些事了，跟同学们一比，发现自己当演员的条件并不是最好的，身体瘦小不说，演员传情达意最重要的那双眼睛也不大。试想，作为职业演员，吃戏饭的专业人员，一双眼睛不灵光不传神那是不可想象的。遗憾之余，也开始用功。当时戏校的老师、师姐都很好，大家舍得耐着性子教。尤其筱翠花老师的眼神功夫，给了她

:: 12岁时在赵登禹路戏校留影

很大的震动和启发。于是，她也学着老师，在熄灯铃响后燃上香，在黑暗中盯着香火练，被熏得泪流满面也不间断。后来，又听说梅（兰芳）先生通过鸽子来练眼神，而她本是乒乓球迷，就通过看球来练眼神。功夫不负有心人，她的艺术也一直在进步。当年戏校全方位地培养人才，连她这个高度远视的单眼皮经过老丹炉这么一炼，也炼出来了。

在戏校学了一段时间后，有一回史若虚校长把几个低年级的学生叫过去，让她们念《打渔杀家》萧桂英的词，这当然既是考查也是指导，史校长对这些学生都很负责，既统一教育，也懂得因材施教。刘长瑜当时念了"女儿舍不得爹爹"一句，配合着念白也运用了一个很是凄惶的眼神，获得了史校长的认可，也许先生认为她有表演天赋，演戏开窍，所以后来她总是得到重点培养。

当时在校学戏的时候，学校派来教学的都是很好的老师，给学生的基本功也都扎得很

实。教基本功的包括舞台经验丰富的范富喜先生、方连元先生、迟月亭先生、郭庆永先生、李少泉先生、毕鑫如先生、于玉蘅先生、罗玉萍先生等,还有著名京剧艺术家于连泉(筱翠花)先生、赵桐珊(芙蓉草)先生、华慧麟先生、萧连芳先生等,刘长瑜就是在这些名师的指导下开始的专业学习生涯。虽然她年纪小,也顽皮淘气,刚开始领悟能力也不行,但有这些好老师和学校把着,基本功算是都练到了。

:: 均为戏校时期照片

1958年，中国戏校的领导派几位同学一起向荀慧生先生学习，刘长瑜成为其中之一，她跟先生学的是《红楼二尤》。此前她并没有看过荀慧生先生的演出，但知道先生是全国闻名的四大名旦之一，所以得到这个学戏机会后很上心。一开始跟先生学戏时没适应，唱、念、做与她在学校学习近7年的状况并不一样，这也让她感到很陌生。她当时已经有了较强的听音记谱能力，原打算把荀慧生的唱腔用谱子记下来，课后慢慢揣摩，可是跟先生开始学戏才发现，荀派唱腔用谱子是记不下来的。荀派唱腔完全是根据人物的感情、心境行腔，唱人物的心声，里面有很多传神的撇音、半音，唱念有生动的语气，根本不是能用谱子记下来的。于是，刘长瑜学戏就更加全神贯注，毕业后就到先生家里去学，听他谈戏论艺，举手投足都以先生为圭臬。学完之后就实习演出了，实习中她演的是尤三姐。在排练中，很多老师和同学都说她学得很好，学得很像，实习那天她自己也是信心满满。但散戏后，荀先生到了后台，十分严肃地对这位学生说："你就糟改我吧，我再也不教你这样的学生了！"小姑娘当时真是觉得五雷轰顶，冷水浇头怀抱冰啊！虽然她平时很顽皮，但也很少落泪，此时的泪水却如断了线的珠子似的落下来，也不敢出声大哭，只是心想：这辈子当演员唱戏没门了！荀先生见她的伤心模样（那时16岁），语气又稍微缓和地说："你演谁呢？你演三姐呀，你别演我60岁的老头子呀！"当时小姑娘想的是：我跟您学习就得像您呀，怎么都错了呢？荀先生看她一脸的不解，又说："让令香（荀令香是先生的大公子，当时在校任教）给你说说吧。"荀先生走后她一头雾水，不知如何是好，后来令香老师十分耐心地一场一场地教，她才渐渐明白了尤三姐爱憎分明的刚烈性格，以及如何演出自己的三姐。过了一段时间，毕业前巡回演出，她又演了尤三姐，回到北京再演出时荀先生也来看演出，这次他没有生气，后来他在《演剧散论》中对刘长瑜的表演也给予了基本肯定，同时指出学生的尤三姐"闹宴"一场力度还不够的问题。

转眼间60多年过去了，刘长瑜在人生与舞台生活的实践体验中，对荀慧生先生的艺术有了更多的感悟和理解：荀先生的剧目主题立意大多是为封建社会受压迫的、最底层的女子所作的呼吁与呐喊，这些剧目歌颂了封建社会女性的坚强与智慧，如她学演过的红楼二尤，琢磨过的金玉奴、卓文君、红娘、霍小玉等，一个个都是正能量满满的女性形象，荀先生是人民的艺术家，他的悲剧催人泪下，喜剧令人捧腹，他独具特色的表演，广泛吸收、融为己有的艺术手段，情真意切的表达，都值得后辈用一生去学习和研究。

刘长瑜她们进戏校刚开始学戏时并不分行当，基本功打好了以后才根据个人条件进行分行。在老师的教导下，刘长瑜初学戏时只有老旦戏没学过、没唱过，青衣、花旦、刀马、武旦，甚至是彩旦，她都学了，也都演了。比如《能仁寺》当中，除了学何玉凤、张金凤，刘长瑜还学了赛西施，赛西施就是彩旦。其实即使是老旦，她也看过老师教，老旦脚步怎么走，怎么唱，同学实习时也看了不少老旦戏。谁都知道，演员的幼功很重要，学校的系统教育为她作为一个职业演员打下了比较全面的基础。虽然她那时候年纪小，不懂得为什么要练、要学，但是老师的要求一定要达标，所以练得多，学得多，这也为后来在舞台上的继承、挖掘、探索起到了非常重要的奠基作用。

学校既要求学生们练基本功，同时也结合学生们的情况排演新戏。刘长瑜毕业时正值伟大祖国成立10周年庆典，中国戏曲学校就组织在校学生和实验剧团排演了神话剧《牛郎织女》，她在其中扮演织女。

第二节
转益多师

2020年7月，刘长瑜接受上海戏剧学院戏曲学院金喜全校长的邀约，参与他们计划编写的十年贯通制教学大纲。她认为这是一件非常好的事情，戏曲的发展归根结底在于人才的培养，戏校教育是前端，戏校出了好人才，各院团有人可用，戏曲事业才能发展。上海戏校基于戏曲育人培养实际需求设计的十年贯通制教学很科学，于是刘长瑜爽快地答应了邀请，想为花旦行教学大纲尽己所能地出出主意。教学大纲具有方向性、引领性的重要作用，十年育人路线错不得，刘长瑜回想起自己在中国戏曲学校学习时所获得的全面而精深的教育，再结合这些年来在艺术道路上的心得以及离开演出舞台后的教学体会，不免按照亲身经历过的受教育模式，由编著记录，重新梳理出一份当年学戏的大致戏单，并附录相关基本功练习，以供后学参考。

从1951年9月考入中国戏曲学校，到1959年5月毕业，之后3年在中国戏曲学校实验剧团边演边学边教，刘长瑜能记得的学习情况、所过剧目与角色和主要训练技法大致如下。

第一阶段从1951年第一学期至1955年上学期，学习剧目有：

《六月雪》（《探监》《法场》）——青衣戏，学习戴链子、青褶子水袖表演；《法场》罪衣罪裙表演；《探监》【正二黄】唱法、《法场》【反二黄】唱法（刘长瑜学的是程派）；

《骂殿》——青衣戏，皇娘穿黄帔，学习水袖抖法、【正二黄】唱法等；

《玉堂春》（《三堂会审》）——青衣戏，学习穿罪衣罪裙、戴枷、不戴枷、戴手链等各种表演；学习【西皮】唱法；

《打渔杀家》——从纯青衣到闺门旦的过渡戏，学习闺门旦划船、掌舵等没有水袖的渔家女儿的表演；学习杀家时与教师爷的一套锁喉、单刀枪；这个角色念韵白，讲究的不是花旦的俏，主要体会闺门旦的端庄女儿态；

《春香闹学》（昆曲）——学习昆曲的严格规范，唱与舞、一招一式的配合，声歌动舞的范式；念韵白；表现女孩子家顽皮的性情；

《岳家庄》——扮演岳云姐姐，刀马旦应工，穿红战裙战袄，表现练武姑娘的气质；进行整腕、单枪，基本的刀马旦形体、亮相等训练；

《花田错》（《搓麻绳》《做鞋》）——表演小姑娘逞能等情绪；

《铁弓缘》（《茶馆》）——学习叉拳、勾刀、京白、花旦脚步，吊腿，踢腿，体会唱与青衣的不同；具备花旦、刀马旦功夫；

《三击掌》——宫装、凤冠、水袖，打没有乐器的引子，讲究准音、气息；

《母女会》（《探寒窑》）——青衣、水袖、进窑、出窑、半扫堂等表演；

《搜孤救孤》——扮演程妻，青衣、穿帔，学习抱孩子的表演等；

《朱痕记》——学习青衣的念白、韵白，练嘴皮子功夫，学唱【慢板】；讲究系腰包的身段规范；

《下山》（昆曲）——扮演尼姑，学习穿道服的表演；

《芦花河》——扮演樊梨花，戴帅盔，穿蟒，学习端带（旦角是托带）、有威仪的表演等；

《汾河湾》——扮演柳迎春，学习青衣表演；

《宇宙锋》（《修本》《金殿》）——学习装疯的表演等；

刘长瑜在这4年期间学习了16出戏，有些实习了，有些没有实习。《六月雪》学习3个月后扮戏上台，《玉堂春》《打渔杀家》《宇宙锋》实习并公演。

第二阶段从1955年开始，戏校从赵登禹路搬到自新路新址，这时戏校合校，东北、上海来了部分老师和学生，如东北来的赵桐珊老师、邢维明老师、马宗慧老师等。1955年下学期至1959年5月毕业，刘长瑜学习过的剧目大致如下：

《能仁寺》——扮演何玉凤、张金凤、赛西施，从赵桐珊先生学习；

《辛安驿》——演的是老版本，从赵桐珊先生学习；

《四进士》——扮演万氏，从赵桐珊先生学习；

《得意缘》——扮演狄云鸾，从萧连芳先生学习；

《双合印》——扮演丫鬟，从萧连芳先生学习；

《游龙戏凤》——扮演李凤姐，从萧连芳先生学习；

《虹霓关》——学了头本，扮演东方氏，从萧连芳先生学习，其中有对枪等技巧；

第一章·学艺　9

::《得意缘》左起柯茵婴饰演二妈、叶少兰饰演卢昆杰、刘长瑜饰演狄云鸾

::《得意缘》刘长瑜饰演狄云鸾、叶少兰饰演卢昆杰

《扈家庄》——学习武旦的功夫,当时方连元、范富喜、邱富堂三位著名武旦在戏校教学,从范富喜先生学习此剧;

∷《扈家庄》刘长瑜饰演扈三娘

第一章·学艺　11

《四郎探母》——扮演铁镜公主，学习旗装、花盆底表演，从华慧麟先生学习；

《坐楼杀惜》（《闹院》《杀惜》）——学习表演、潜台词等，从华慧麟先生学习；

《一匹布》——学习两个空间的表演；

《打花鼓》——学习凤阳花鼓；

《悦来店》——学习的是王（瑶卿）派版本；练嘴皮子念白功夫，趟马等；

《红梅阁》——学习屁股座子、上椅子、鬼步，从于连泉（筱翠花）先生学习；

《三不愿意》——这是东北戏校带过来的剧目，汤小梅首演，刘长瑜也学习了这个剧目；

《红楼二尤》——扮演尤三姐、尤二姐，学习人物角色分析等；

《西厢记》——扮演红娘；

《貂蝉》——扮演貂蝉；

《碧波潭》——扮演鲤鱼仙子，学习开打等；

《爱甩辫子的姑娘》——这是一出反特主题的完整大戏，创作移植自同名评剧现代戏。人物拎着暖水壶，穿着高跟鞋上场，唱"新疆好地方"，其中还有雨中伞舞，唱词由夏永泉编写，作曲、唱腔由汤小梅设计，通过这部作品，大家的创作能力得到锻炼。

第三阶段从1959年至1962年，刘长瑜在学校的实验剧团学习和实践3年，边学边演或重新加工演出的剧目有17出，所以说虽已从学校毕业，但在实验剧团的3年学到的也很多：

《卖水》——移植剧目，主要是花旦表演；

《柜中缘》——与陈伯华先生学过汉剧《柜中缘》，后去上海巡演，跟李玉茹老师学过京剧《柜中缘》；在实验剧团再次学习并演出此剧；

:: 1985年3月刘长瑜与陈伯华于江夏剧院合影

:: 《柜中缘》刘长瑜饰演玉莲

第一章·学艺

《王二姐思夫》——吉剧，学习耍手绢等技巧；

《叶含嫣》——从陈素真先生学习，有山西北路梆子圈椅技巧；

《贵妃醉酒》——从黄咏霓先生学习并演出，后跟载涛学习，戏路各异；

《打金枝》——从黄咏霓先生学习，未演出；

《打神告庙》——学习的是陕西的碗碗腔；

《拾玉镯》——从江新蓉老师学习；

《辛安驿》——学的是经过荀先生改编的完整版本，在实验剧团是再次学习；

《追鱼》——重新加工版本，加了出手；

《白蛇传》——从谢锐青老师学习；

《三关宴》——吴祖光先生的剧本，老旦剧本，在其中演桃花公主；

《胭脂虎》——学赵桐珊老师的版本；

《牛郎织女》——扮演织女，这是实验剧团排的新戏；

《武则天》——扮演婉儿；

《香罗帕》——移植自川剧，向许倩云老师学习；扮演丫鬟兰香；

《游龙戏凤》——之前从萧连芳老师学习过筱派，后来听童芷苓老师的录音，演出则按荀派路子演。

当时所受教育是不分行当的，先学青衣戏，青衣戏以【二黄】开蒙。刘长瑜分析的是【二黄】音域比【西皮】宽，以【二黄】戏开蒙主要解决青衣部分唱功问题。唱讲究字、气、劲、味，字头、字腹、字尾，分尖字、团字，上口字，归韵，等等。气讲究呼吸、喘气、偷气等，还有顿挫、力度、韵律、运腔、连、行腔、结束，等等。在念白上，讲究嘴皮功夫过关：劲头，唇、齿、喉、舌、牙分工，四声，湖广中州韵。在形体上，青衣讲究端庄、立腰、稳胯，压步，手势兰花指，水袖（以腕子与肘的配合强化夸张人物感情）等。青衣戏之外，旦行各大种类多有所涉及，并不只学、只演花旦戏。

行当是中国戏曲特有的一种塑造人物的方法和方式，它把世间各种类型的人物，按照性别、年龄、性格、外貌等特点进行了划分，行里以生、旦、净、丑四个行当来概括，每个行当有每个行当的表演程式和特色。而从刘长瑜在戏校学戏的轨迹可以看出，她们当初学戏时并不分行当，什么都学，基本功扎好后，老师再根据个人的条件归行归路，加入剧团工作后再按照行当来分角色表演。当然，也有特殊的时候，如高玉倩老师后来老旦应工演李奶奶，这事大家都知道。而当初刘长瑜她们在演戏过程中也会遇到反串的情况。这是戏曲演员当中比较特殊的一种，有可能是大家取乐，有意为之，也可能是演员本身条件好，功夫全面，所以在剧目中因人设戏，发挥个人特长。像刘长瑜后来归行花旦，要想演好《辛安驿》，剧情设置就有周凤英假扮强盗一节，那就必须花脸来应工了，即一定要能反串花脸才行。所以说，演员还是要多多学习，多方面扎牢基本功，所谓艺不压身。

∷ 《四五花洞》剧照

:: 《四五花洞》刘长瑜饰演潘金莲

在学校时条件很好,时常有机会观摩其他行当的教学和实习演出。所以,刘长瑜也经常提出基本功的练习问题。基本功的学习训练要从小开始,除了学习剧目,在剧目学习中练功,有一些基本功是要单练的,她经常提到的就包括:

腰腿功:踢四种腿、压腿、搬腿、撕腿、下叉、打攒子、三起三落、拿顶、耗顶、下腰、甩腰、涮腰、单腿前后桥、双腿前后桥、鹞子翻身及其他各种翻身;

武功单项基本功:飞脚、双飞燕、打脚尖;

毯子功:抢背、平地过桌抢背、扑虎、旋扑虎、

:: 练功排练

虎跳接旋扑虎、乌龙绞柱、倒插虎、两张桌下高倒插虎；

把子功：

枪：小五套、小快枪、大快枪、枪下场；

单刀：锁喉、单刀下场、双枪花儿；

双刀：三十二刀、双刀下场；

剑、枪、双刀枪；

武旦刀：勾刀、大刀枪、大刀双刀、大刀下场；

手把子：插拳；

耍鞭、双鞭下场；

旦行身段基本功学习训练：

脚步：蹚步、圆场、蹉步；

手式：指、掌、兰花指；

门：开门、关门、闪门。

旦角的各种技巧有卧鱼、跪蹉、滑倒、屁股座子、水袖（褶子、帔、宫装各有抖法）、玉带、起霸、趟马等；以及一些特定剧目中的特定技巧要求，如《长坂坡》中的跑箭、抓帔跳井，《木兰从军》中的软靠、走边、单枪、马鞭，等等，旦行的技巧因戏而异，各有所长，演员应该不断加强基本功训练，积累得越厚实，将来演出也会越得心应手。

从1951年考入中国戏曲学校到1959年毕业，再到毕业后留在学校实验剧团工作，应该说刘长瑜在正式调入中国京剧院之前，一直在学校和实验剧团接受京剧旦行表演艺术的基本规律和技法的教育，这也为她后来的演艺生涯打下比较扎实的基础。借着给上海戏校整理花旦教学大纲的机会，刘长瑜也算完成了对自己在学校和实验剧团所学剧目和技巧的大致梳理。

在梳理花旦教学的贯通教材内容的过程中，她一并总结了几个原则。

第一，是对于花旦的认识。花旦以唱功为基础，不能没有唱，但"重做更重唱"这种说法并不准确。

第二，花旦学习有一个从低阶向高阶发展的过程，所学剧目完全可以重复。刚进入低阶段学习时不能太复杂，唱、念、做、打一开始不能求全面，可以在基础尚薄弱的时候先有目的、有重点地进行单项训练。如《六月雪》，一开始因为戴着锁链（不会有抖袖之类的动作），就是练习唱，把《法场》【二黄】唱好了，让唱功过关；下一个剧目《骂殿》，皇娘穿上了黄帔，相应的学习也增加了抖袖、拉皇儿等身段动作；《花田错》先学《写扇》和《做鞋》片段；《辛安驿》先学《开店》和《洞房》片段。就是说，所学内容应当一点一点加上去，不同类型、不同穿着的人物扮演一点一滴先一样一样地学，打好基础，做好规范。

∷ 《桃花村》刘长瑜饰演春兰

这样一来，中专时即可以考察出学生所擅强项，发现人才的优势所在，到了大专或更高阶的学习阶段时，就可以有针对性地进行分行强化教育了。由此可见，花旦的教学剧目可以重复，但学习要有层次，循序渐进，由单一到全项，由片段到全剧，由基础到提升，从而达到以剧带学、逐步精深的效果。

第三，是荀（慧生）先生曾说过的"不要叫戏唱我，叫我唱戏"。刘长瑜所理解的就是不要叫流派唱我，要我唱流派。流派丰富了京剧的表演手段，无疑有着很高的艺术价值，个人应当根据自身条件，学习、消化、吸收流派的优长，借鉴、运用流派的艺术手段，学习流派，化流派艺术优长为我所用。

第四，花旦虽然有归行，有自己的常演剧目，但练功一定要全面，文武要兼备，唱、念、做、打样样精通，到了真正归行归路时才不会捉襟见肘，才能真正高质量完成本行当的演出。

:: 前排左起袁世海、李少春、刘长瑜

:: 左起王家熙、刘长瑜、孙毓敏

:: 1984年在上海与俞振飞先生合影

:: 俞振飞先生教刘长瑜《写状》

:: 左起刘长瑜、俞振飞、宋铁铮

:: 与宋德珠先生合影

:: 与赵荣琛夫妇合影

:: 向豫剧皇后陈素真先生（中）学习

第一章·学艺

:: 在天津演出《红楼二尤》后与骆玉笙先生合影

:: 与童芷苓先生合影

:: 与方荣翔先生合影

:: 与曲剧名家魏喜奎先生（左一）合影

第三节
博观约取

之前在学校时,刘长瑜有较多的学习和实践机会,毕业后到了实验剧团,也保持着大致每周一次主演的演出频率,能经常上台和观众见面。她于1962年6月调到中国京剧院,分在四团。当时的四团去的都是中国戏曲学校毕业的学生,大多是1958年毕业的那批,比她高一届,也有1956年毕业的。到了中国京剧院以后,她成了顶级职业演出团体的一员,实践机会就更多了。刘长瑜记不清那时候一个月具体演多少场戏,只是后来随着演出渐渐减少,她还想:我这一年才演100多场戏,演得太少了!可见之前要多得多。

刘长瑜学艺以后的成长过程,其实就是在中国京剧院的舞台上实践锻炼的过程。分配到中国京剧院四团后,她经常参加北京及各地的巡回演出,学校所学都在舞台上得到了充

:: 于光团长(前排右三)与部分四团团员合影

:: 《春草闯堂》梁幼莲饰演李伴月、刘长瑜饰演春草

:: 《辛安驿》刘长瑜饰演周凤英、寇春华饰演李氏

分发挥,她自己也通过实践走向了成熟。应该说,中国京剧院就是一个大熔炉,在前辈艺术家的熏陶指导下,在不断的演出与实践中,她就像进了炼丹炉,得到了进一步的锻炼与升华。

四团原本行当非常齐全,而且都是各届毕业班中最优秀的人才。和她一起从学校实验剧团调到中国京剧院来的那一批有17人,其中一部分分到了一团,如钱浩梁。钱浩梁和一些合作同志到了一团后,得到李少春先生的亲自指导,他们的艺术水平都有很大提高。大部分同志分到了四团。四团中有些同志本来也都是当时各个行当的精英,因工作需要,后来又调离四团,重新分配,如四团原主要花旦之一单体明、武旦刘琪等都调到二团,老生冯志孝、花脸吴钰璋调到一团,而刘长瑜、张曼玲、李长春这一拨大部分留在了四团。大家根据院团需求,结合自身实践,都在积极进取,刻苦研艺。

刘长瑜刚到京剧院是6月,很快就被派到湖北、河南、河北的几个城市跟团巡

:: 《穆桂英挂帅》刘长瑜饰演杨金花　　　　　:: 《拾玉镯》刘长瑜饰演孙玉姣、夏永泉饰演傅朋

回演出。当时她虽然在四团，但演的戏还是在学校学的以及在实验剧团演出的一些剧目，如中型戏《辛安驿》以及小戏《卖水》《拾玉镯》。《辛安驿》是她在学校跟赵桐珊老师学的，之后又跟荀慧生先生学习。《卖水》是谢锐青老师根据山西蒲州梆子学的动作和剧本，在戏校被移植整理成京剧。当时有些同志调离了四团，所以刘长瑜也参加了四团经常上演的一些大戏，特别是《杨门女将》的演出。《杨门女将》由她和李丽分别扮演八姐、九妹。刘长瑜对这台剧目印象特别深刻。因为她虽在学校学了靠戏，但是并未真正上台演过。平常练功也练，包括跑跑圆场，耍耍枪花，但缺乏舞台实践。接了八姐这样的角色，就必要扎上靠，她不时在后台拿起枪正经练起来，所以能参加《杨门女将》的演出她是很高兴的，也很有收获。尽管八姐只是一般配演，但学的东西用上了，她得到了实践，也得到了提高。后来她能演出《红鬃烈马·银空山》，扮演代战公主，扎大靠，打快枪，应该说《杨门女将》的实践机会给了基础。所以说当时看似是群众配演的角色，却可能也是艺术道路当中很重要的一次积累。

∷《红鬃烈马·银空山》刘长瑜饰演代战公主

第一章・学艺

《红鬃烈马·大登殿》刘长瑜饰演代战公主

∷ 《卖水》刘长瑜饰演梅英

::《龙女牧羊》夏永泉饰演柳毅、刘长瑜饰演龙女

除了《杨门女将》，刘长瑜还参加过大戏《龙女牧羊》的演出，这个戏是杨秋玲师姐的主演，她则扮演群演龙女。《虹桥赠珠》也是，记得戏校教学中就有江苏京剧院周云霞、周云亮姐弟二人的这出拿手戏，在剧院是由刘琪主演，刘长瑜就是个群众配演。这种无论主演、群演，都认真学、认真演的态度与作风，是在戏校时就培养出的一贯要求与风格。作为旦行，刘长瑜在实验剧团时就参加过《虹桥赠珠》《八仙过海》，甚至《猎虎记》的青袍、《将相和》的小太监，什么角色都演过，这绝对是剧团很正常的一种现象。所以到了中国京剧院的四团，她依然参加这样的群众角色演出。对演员来说，老上台，老踩台毯，不管是大活小活，都一样有机会学习和提高。所以她真正的舞台生涯，是到了中国京剧院以后，通过这样的锻炼，逐步走向成熟的。

刘长瑜1962年调来的时候正是中国京剧院非常辉煌的年代，一团的李（少春）、袁（世海）、叶（盛兰）、杜（近芳）等老师都非常优秀，他们是大师级的艺术家；二团的"二张"（张云溪、张春华）、"一李"（李和曾），包括江新蓉老师、高

::《龙凤呈祥》刘长瑜饰演孙尚香、袁世海饰演张飞

玉倩老师等很多前辈艺术家也正是在舞台上非常出彩的时候；四团则一水的年轻人，行当齐全，也体现了朝气蓬勃的新气象。

那时刘长瑜除了能跟着排练、演出，还有一件事情也令她终身受益，那就是剧院给这些年青的同志开绿灯，想去观摩可以免费进剧场。

::刘长瑜与杜近芳先生（左）、袁世海先生（中）在魏公村合影

在戏校的时候还不行，没有人领着就进不去人民剧场，而到了京剧院以后，因为是中国京剧院的演员了，人民剧场就免费对演员们开放，观摩大师们演出的机会也多了。刘长瑜入院正赶上人民剧场演出最鼎盛的时期，大师云集，演出精彩纷呈。李少春先生的戏、杜近芳先生的戏、袁世海先生的戏，还有"二张""一李"的戏，等等，都能进剧场观摩。虽然她那时还不能完全领悟到这些大师级演出的内涵和精彩之处，可就觉得应该去看，观众叫好她也觉得好，究竟怎么好，虽然一知半解，可是就是这些经年累月的积累，使艺术的真谛于规律潜移默化，扎驻在她心中，对她后来的艺术成长起到了很重要的作用。从全国来讲，剧院是戏曲界的领头羊，这种艺术上的熏陶与积累也是可遇不可求的，恰好被她幸运地赶上了。正因为经历过，等她回过头来教学时，才更加认识到机会的可贵之处。

第二章 演艺

第一节
剧目纷呈

《桃花村》
啼笑反成鸳鸯

《桃花村》原本由京剧院剧作家翁偶虹先生根据《水浒传》、传统戏《花田错》整理改编而成，当年由一团大师级表演艺术家袁世海先生、叶盛兰先生、杜近芳先生等人排演。1962年10月，剧院四团在武汉等地巡演，刘长瑜在巡演之余得到了李金泉先生递来的《桃花村》剧本，并获得先生亲自指导，学到了一出好戏。

《花田错》之前有河北梆子版本，经荀慧生先生移植到京剧舞台。故事由"花田会"而来，是一出有关男女婚事的有趣喜剧，作者构思奇巧，"错中错"妙趣横生。《花田错》重点在"错"字上，整个剧目雅俗共赏，很接地气，主要歌颂的是农村财主家的丫鬟春兰，她善良、热情、勇敢、有担当，为成全有情人终成眷属，不辞辛苦，从中周旋，从舞台艺术上来看也是唱、念俱全，有很高的欣赏价值。

中国京剧院的《桃花村》是翁偶虹先生的得意之作，是在骨子老戏的基础上翻新而成的精品。《桃花村》在整理改编过程中，删除了很多繁杂零碎的场子，突出了一号人物春兰。

刘长瑜之前在戏校三年级的时候跟老师学过《花田错》的主要场次，包括做活等，打下了一定基础。巡回演出中拿到一团的版本时，她并未看过袁世海、叶盛兰、杜近芳的现场演出，但很快就在金泉老师的亲自指导下把这出戏排出来了。金泉先生是《桃花村》的

《桃花村》刘长瑜饰演春兰

唱腔设计，像脍炙人口的【流水】"非是我"就出自先生之手，这个戏金泉先生全会，教学就在鹤壁巡回演出的间隙进行。四团的演出阵容是：刘长瑜演兰香、李嘉林演鲁智深、纪秀云演小姐。这个戏排出后到河北、山西等地演出，上演频率很高，观众很喜欢。

当时四团经常分包演出，演员们要在主要的根据地剧场里把妆化好，头饰戴好，但不穿服装，拿着服装到另外的分包演出地如工厂，穿上服装再参加演出。从分包的情况也可以想见，那时候的演出机会是很多的。《桃花村》这个戏本来就很受欢迎，占人又少，是比较理想的分包剧，所以一遇上分包准有刘长瑜的《桃花村》。这样她的演出机会也跟着特别多，跟金泉老师学了之后，就按他教的路子演了很多场。

《桃花村》本就经过剧作家和一团的艺术家们的打磨，20世纪80年代初刘长瑜复排《桃花村》时，又把自己在学校学习的一些情节、手段也都运用进了表演中，对人物有了自己的感悟和理解，演起来就很受观众欢迎。特别是这个剧本经剧作家翁先生的改编，删除了以前那些版本中的粗鄙、浅陋之处，文学性很强，故事人物都经得起推敲，比如其中的小姐，就不再是一个会说话的道具，而是成了一个人物，唱腔中的那段【二六】文学性很强，也很符合人物个性。所以说，中国京剧院的这个版本从文学形象到舞台追求都有了进一步的完善与提升，是文学性与舞台性双面讲究的经典剧目。

《桃花村》是一出典型的花旦戏，表演上又与闺门旦相融合。刘长瑜演过很多丫鬟，《卖水》梅英是丫鬟，《春草闯堂》春草是丫鬟，《燕燕》燕燕是丫鬟，《桃花村》春兰也是丫鬟，讲究的是"一人千面"，不要"千人一面"，她演四个丫鬟就是各人各面，绝不能雷同。《桃花村》剧本提供了精彩的戏剧冲突，安排了有趣的角色，而刘长瑜在排练过程中也是尽量把原来学过的《花田错》中的有用精华吸收进来，并进行了积极的主动创作。

刘长瑜曾很认真地为春兰写过人物小传和表演设计：她是财主家的丫鬟，她的身份与春草肯定是不一样的,她属于"散养",就是给小姐做伴,端茶、送水,她没有那么多的规矩。刘长瑜在看了马金凤的作品之后,受"七奶奶"拿着拨浪鼓表演的启发,觉得本来设想给春兰的拿擀面杖给小姐做面食的动作不那么好看,就调整为拿菱花镜打闪。"错牵红线"前后呼应的点子也很出人物:最后小姐与卞先生眼看要成眷属了,春兰给二人牵红线,又"差点"出错,红线"差点"给了周通。这个由白继云参与的前呼后应的设计既营造了全剧的喜剧效果,同时也强化了花田"错"这个主题。

刘长瑜有心设计的"嗑瓜子"的表演也是从春兰的性格出发得来的。春兰是个小小丫鬟,有着自己的小心思,她见小姐没带钱,只能把好不容易"咪"来的那俩小钱儿(她这几个小钱也就买个糖豆、瓜子、花朵)拿出来给小姐,然后再接嗑瓜子的表演。这种生活化的表演就很有可看性:春兰嗑一阵瓜子,突然遇到一个坏的,呸呸呸,她连忙吐出来。这样让人物显得又粗俗又活泼。

还有一处是磨墨,春兰这个小丫鬟性子毛,磨着磨着就溅出来了,手弄脏了,有墨点怎么办?只见她小心地避开小生的视线,把手偷偷地在桌布上擦了擦,这又体现出这个丫鬟的小孩子气与可爱。还有一处对于卞先生名字的辨识,她把"卞"当成"变",把"玑"当成"鸡",误以为人家会变戏法,也是突出小丫鬟顽皮贪玩的一种表演设计。

一个好剧本给了一个好人物,配以相关的一些传统技巧表演基础,再经过舞台上的更细致的处理,这个人物才能活起来。当然,如果刘长瑜设计了却没有基础,没有四功五法,表演不出来,就没有精彩可言,那也无疑会是失败之作,毕竟戏曲作品最后都要二度呈现于舞台,尤其对于演员来说,这种经典剧目的创作与继承还有赖于表演,在唱、念、做、打上多下功夫。这个戏刘长瑜演了好几次,也一直在感悟和修改提高,还是荀先生说的那样,要知道这个人物的前、后五百年,吃透这个人物的前因后果、前世今生,功课做得越细,对人物的分析就越全面、越深刻、越到位。

∷ 《桃花村》刘长瑜饰演春兰

:: 《桃花村》孙婉华饰演刘玉燕、刘长瑜饰演春兰

:: 《桃花村》左起孙婉华饰演刘玉燕、刘长瑜饰演春兰、刘学钦饰演卞玑

::《桃花村》刘长瑜饰演春兰、袁世海饰演鲁智深

::《桃花村》袁世海（中）饰演鲁智深、刘长瑜（右）饰演春兰

《春草闯堂》
丫鬟行善乘张

1963年，剧院在剧协组织的剧作家研习会上得到陈仁鉴先生的蒲仙戏《春草闯堂》剧本，后在这个剧本的基础上，由著名剧作家范钧宏先生带着年轻的邹忆青，结合刘长瑜的行当与条件，并根据当时四团的演员状况进行了移植改编。剧作家既熟知京剧规律，了解演员，也兼顾了演出团的整体阵容，同时又懂得观众的心理需求，在很短的时间里就改出了这个"因人设戏"的好本子。这个移植改编本除了特别适合刘长瑜以外，程派的张曼玲、麒派的肖润增等人也都有发挥，此剧的流派表演各具特色。

剧本热情讴歌了正义、善良、机智、果敢的小丫鬟春草，有力地抨击、讽刺了趋炎附势、一心高攀、老奸巨滑的昏官胡知府，主题鲜明，立意健康，小小丫鬟是最卑贱者，然而最卑贱者最聪明，在层层戏剧冲突中让人捧腹，让人深思。

刘长瑜虽在实验剧团演过《武则天》中的婉儿，在《牛郎织女》中演过织女，但像《春草闯堂》这样的作为一号人物的首演新戏，还是第一次。这个戏刚排出来时演得并不多，在北京演了两场，9月刘长瑜被派到东北三省巡回演出，《春草闯堂》也一直跟着在东北多地演出，只是回京后，刘长瑜就开始演现代戏，这戏也就搁下了，正式恢复演出已是1979年了。

《春草闯堂》的音乐、唱腔当年由张复、关雅浓先生编创，特别注重京音，雅俗共赏，只要花旦嘴里功夫到了，即使那时没有字幕，观众也能完全听懂，是很高明的一种创作。这出戏的音乐设计都是结合人物、行当、剧情、戏理进行的。如"回府来悄悄言讲"【四平调】，板式、调性完全没变，但与时俱进的革新与观众审美产生了共鸣。春草与胡知府、春草与老相爷的对唱等设计也都很精彩。

《春草闯堂》中的"行轿"是向邢台豫剧团学的,豫剧表演艺术家姚淑芳先生的"抬花轿"很好看,因此,刘长瑜他们就在排演时吸收了豫剧的轿舞步伐和身段,表现坐轿的颤悠悬浮感。当然,音乐、轿形等又都根据京剧做了完全调整。豫剧的轿子原来是很简单的,前后各两人的四抬轿子;京剧剧本设定是知府坐轿,理应是八抬大轿,但又因为在舞台上有些调度不开,不灵活,所以也改成了四抬轿,轿夫相应地由四位演员承担。"轿舞"学习之后不但在表演上有变化,同时在配套的音乐上也完全是京剧的。张复先生当年数着出场的脚步设计音乐,与表演合节奏,定节拍,海笛、唢呐等乐器吹奏【风入松】等曲牌使得表演与音乐完全和谐统一。演员在这段表演中有一个特别吃功的地方:一旦上轿,脚后跟就不能着地,得跟行船一样,才能传达出那种一直存在的忽悠飘浮感,这是规矩,所以即使演这场"轿舞"很费膝盖,但春草只要一上轿再累也得坚持。

《春草闯堂》的布景设计可谓是戏曲舞台的成功之作,成为全国各地争相学习的范例。比如,开场运用了写意夸张的笔法,将华山轮廓勾勒出来;公堂以"公正廉明"匾额点明环境的同时,以一枚放大的铜钱高悬上方,在钱眼中央设一金印,与匾额正好形成鲜明对

:: 《春草闯堂》前排左起江其虎饰演薛玫庭、刘长瑜饰演春草、寇春华饰演胡进、司驿饰演王喜、杜福珍饰演杨夫人

比，寓意胡知府的贪赃枉法，舞台干净，寓意深刻；闺中以湘帘为阻隔，分开内外空间"见小姐"。设计者赵金声先生等人很了不起，他们都有自己的想法，有独特的创造，他们在尊重表演艺术规律的基础上做出了很好的舞美设计。《春草闯堂》的舞美设计既是虚实结合、夸张写意、寓意深刻的，又为剧情的开展、剧中人特有的表演提供了较大的空间，有力地渲染了舞台气氛和环境，推动了剧情。

《春草闯堂》的人物服装造型当时采用的方法大都是"各找各的扮相"。刘长瑜是在不断演出实践与观众的培养下，才逐步理解深化人物内心和外部扮相、技法的运用的，对春草这个人物的服装、造型也进行了思考和不断调整。春草是一个机智可爱、聪明伶俐，尤其善于观察判断，因势利导，抓住机遇，变被动为主动的小精灵，这么个小精灵的妆扮刘长瑜也动了脑筋。她头上不能是几个整的发髻，经过琢磨，刘长瑜画出了一个巧、俏的发髻，并在两边各梳一根小辫儿，对于春草这个小机灵而言，这个发髻和两根小辫的设计

:: 《春草闯堂》前排左起刘长瑜饰演春草、寇春华饰演胡进、萧润增饰演老相爷

:: 《春草闯堂》刘长瑜饰演春草

应该是恰如其分的。如果换成崔莺莺、扈三娘那又该另当别论了。她后来扮演燕燕，也没有再采用春草的小辫，这就是人物不一，形象自然也不同。结合春草的地位——宰相府的丫鬟，她肯定要有些小首饰的，但又不能太阔绰，所以刘长瑜又用一些小钉把发髻的轮廓勾勒出来，戴个小凤挑，最多外加一个点翠花。整体人物造型，并不因为刘长瑜是主演，是一号，什么好戴什么，还是要从人物出发，从戏情戏理出发。

20世纪60年代创排时，春草的服装是经言慧珠老师亲自设计。当时言慧珠先生正和俞振飞先生排《墙头马上》，所以由她给刘长瑜设计的古装、坎肩。1979年复排《春草闯堂》时，刘长瑜经过现代戏的洗礼，对如何塑造人物形象又有了新的理解，也更走心。春草的服装总共有两套大装，两套便服，各个场合穿得都很讲究身份和场景。她陪小姐外出华山还愿，从西安府进京拜见相爷，远路而来，用的是两套大装：里面古装，外加小披风，这个小披风不是斗篷，用斗篷的话太大，太隆重，毕竟春草是个丫鬟，于是她的出行大装设计成在原有服装基础上加云肩，并以蝴蝶结飘带作饰。她和小姐华山还家后就又换成便装，不系云肩、飘带。当然，春草的服装也很讲究色彩搭配，在剪裁上也动了很多脑筋，如原来的腰包是百褶样式，将其改成四片，使人物形象显得更加修长婀娜；上衣从剪裁上也有变化，主要是为人物瘦身，显出春草的娇小玲珑。服装设计好后，由京剧院工厂制作完成。1987年刘长瑜再演这个戏时，服装已经旧了，而她对人物也有了新的理解和设计，于是又在服装上重新做了一些修改。应该说艺术家们就是在老一辈的感染下，遵循着"移步不换形"的法则，谨慎地往前走着的。

《春草闯堂》根据戏情戏理的进展，剧中人物角色安排行当丰富，流派纷呈。春草由花旦应工，刘长瑜借鉴了荀派表演艺术；知府由袍带丑应工；小姐原由程派青衣应工；老相爷由麒派老生应工，各人物性格鲜明，角色表演丰富多彩。人物角色既讲究行当分工，又在丰富的流派表演艺术中融入人物塑造的各种方法，既讲行当、流派，又在新的理解上有运用与突破，这也是该剧深受观众喜爱的原因之一。

:: 《春草闯堂》刘长瑜饰演春草、梁幼莲饰演李伴月

当时演员都很敬业，无论大小角色，演什么像什么。小姐李伴月饱读诗书，聪明善良，在礼法约束中暗恋薛玫庭，她与春草既是主仆又情同姐妹，围绕着她的终身幸福，才有了春草的一系列戏剧动作。当年小姐李伴月这个角色由程派青衣张曼玲扮演，程腔为全剧声腔的丰富增色不少，而萧润增先生扮演的老相爷则是不言而威，即使是司驿的王守备这样一个小配角也很出色，还有傻丫鬟秋花的设置也相当巧妙，她和春草形成了鲜明的对照，一个机敏聪慧，一个稚嫩憨直。全剧人物关

:: 《春草闯堂》左起刘长瑜饰演春草、刘学钦饰演老相爷、耿巧云饰演李伴月

第二章·演艺　45

系妙趣横生，人物形象相互烘托，演员们相互激发，相得益彰。

京剧演员学了手段，还要钻到人物魂里去，演什么都要附体。在演春草这个人物时，刘长瑜反复研读剧本后，觉得这个人物很聪明，很敏捷，反应很快，但同时一定要注意不能把她演成一个泼辣老练、城府很深的成年女子，春草的"可爱"要是丢了，那这个人物就失败了。所以，无论是她出场的撑伞，闯公堂胜利后的"万事大吉"，与老相爷的装傻，以及最后戏弄胡知府的顽皮，她的一言一行，一举手，一投足，都要体现出她的年轻、天真、可爱。她善于观察人，抓住机遇，随机应变，把每一次被动化为主动，最终"化险为夷"，演员所学到的京剧法则、程式一定要结合人物大胆借鉴，灵活运用。

《春草闯堂》第一场"华山"有几处表演是要提及的。

花旦常拿扇子和手绢，但春草的华山出场，刘长瑜给她设计的道具是伞。她曾经看过云南少数民族的舞蹈《春雨》，是一群少女的伞舞，很美。春草陪小姐上华山，伞作为道具既可以遮阳，又

:: 《春草闯堂》刘长瑜饰演春草

::《春草闯堂》刘长瑜饰演春草

可以挡雨，既点明环境，又塑造人物性格，演员拿在手里可以转，可以舞，可以充分发挥伞舞表演的新颖优美。所以，刘长瑜看了舞蹈《春雨》之后就觉得可以用上。虽然《白蛇传》游湖有伞，但花旦戏用伞并不常见。

京剧的出场是很有讲究的，春草带伞出场就是化用了舞步。她踩着京剧的锣鼓点，撑伞背台上场，又结合着她的年轻小姑娘赏春光，流连忘返的节奏做了停顿，再以碎步圆场转身亮相。这种动静结合的塑形既带景又带情，很是适合人物。试想一下，如果还是没有任何想法地以老式的那种抚鬓整裳之类的旧套来表现，那春草的这个出场就只能是平平而过了。其中还有一个细节设置很精彩：春草与小姐下山，山路蜿蜒，林木丰茂，春草前面走着，不时给小姐撩开树枝，小姐过去了，春草的伞却挂在了树枝上。刘长瑜这个"挂伞"的设计就是为了体现春草的年轻，小女孩的灵动，还带点顽皮，她顾前不顾后却又善于变通，在表演上随着音乐节奏刘长瑜还安排了一个小翻身，借用巧劲，让春草将伞从上方轻轻绕出来，这个细节就将小丫鬟急中生智的机灵劲儿通过舞蹈化的身段、表演充分展示了出来，这就是以恰当的程式动作给予人物性格的塑造。一把伞，一套小程式，就把春草的机灵变通表达得淋漓尽致。

春草陪小姐华山还愿，一路观赏美景，主仆心情愉悦，在水袖表演上刘长瑜就用了一

:: 《春草闯堂》刘长瑜饰演春草

:: 《春草闯堂》司驿饰演王喜、刘长瑜饰演春草

个跟李德富先生学的"喜袖":双手捏水袖,双翻,小云手,抛袖散开,上翻,出花,尽量把小姑娘欢欣雀跃的情态表达到位。关于水袖,刘长瑜也不是乱用,学得多,还要用得适宜才行。比如,此处用的这个喜袖,在《金玉奴》中用的那个"怒袖",都是根据场合灵活选用。为表现人物的欢欣,春草从"一路上轻风扑面"唱到"只觉得人随蝶舞天地欢"时则运用了荀派的大幅度水袖,这个运用就是为表现人物喜不自胜的心情。在小姐向薛玫庭道谢时,刘长瑜给春草用了悄悄退步加窥视的眼神,表现她冥冥中对两人结姻的感知与祝福,这些细节表演也为后来闯公堂时脱口而出认姑爷,以及一步步想方设法成就小姐与薛公子的婚姻埋下伏笔。

华山遇险是小姐与薛玫庭相识的机遇。春草多么机灵,回来后,她从小姐要她买金线以及题诗等细节更加分析出小姐的女儿心思,这是春草对小姐心意的感触,所以这一段的表演其实也是为后来公堂逼供时的"认姑爷"做了伏笔,可见表演的细节也不能放过。此处的唱更不是为唱而唱,而是春草对小姐的深刻理解,同样是公堂相逼剧情突转的最重要伏笔。

第三场"闯公堂"是该剧的重点场次之一。这场的念白也经过了精心琢磨与设计。春草虽是个年轻的女子，但她在形势所逼之下也一定要主持正义的那股善良的冲劲一定要通过念白的力度给表现出来，所以，春草的念白不能再是那种常规所用的规范的、成年女人的念法。于是，刘长瑜既借用了荀派念白的基本功，注重快、慢、轻、重、缓、急的技巧运用，还适当借鉴了刀马旦的京白，总之就是从人物出发，化用自己所学，为人物所用，符合人物身份和当时的情境、情感。比如，春草在情急中喊出的"姑爷"，与后边向小姐交待叙述时的"姑爷"就是完全不同的两个念法：之前，春草对簿公堂被逼急了一定是脱口而出，调门要高，节奏要快，还要表达清楚；此后，她向小姐连比画带表演时念的"姑爷"则一定要轻描淡写，表明她既害怕忐忑，又不得不说的无奈与心虚。

这里还有普遍存在的节奏问题。除了上面说到的念，《春草闯堂》的唱也有好些节奏处理技巧。如公堂上刘长瑜先是以中速【流水】交代事情的经过，到"吴独做恶死也应当"之后的"慢说你敢施刑杖，只要你动一动、伤一伤，怒恼了老丞相，管教你摘掉乌纱、脱去红袍、交出金印、罢职丢官无下场"，这些根据剧情需要后加的垛句，就一定要唱出威胁的口吻，节奏要催上去，嘴皮子功夫要过硬。所以说花旦的唱腔既要流畅，跳跃性又很强，节奏变化也多。为了演出与乐队的协调一致，大家都是不厌其烦地说戏，互相配合，保证都在一个节奏里，保证艺术上的"一棵菜"风格。正当春草自以为"闯堂"胜利时，不料胡知府提出见小姐对证，春草的心情也随即转入焦急与无奈，唱到"祸事临头"手指向头，耷拉脑袋，与前面的据理力争、伶牙俐齿形成对照。在胡知府的一再催促下，春草"泡蘑菇"，在表演上又借鉴了一些老生的身段：踩锣经，背双手，头微微摇动，放慢节奏，一步、两步、三步，以表演传达内心焦虑："这可怎么办呢？"此时春草的心里是百般不愿回府见小姐，但舞台要求干净利落，必须加快下场节奏，于是刘长瑜又依据春草的性格，将其处理为"走就走呗，车到山前必有路"，头一扬，快步下场，使表演与她的人物吻合，下场节奏也就合情合理了。

刘长瑜一直都说自己学戏的条件并不是最好的，眼睛也不大，但她苦练，练眼神。以前在戏校时就常被香熏得泪流不止，那也不能停，眼睛必须有神，有光，有彩。那时看老电影，费雯·丽主演的《魂断蓝桥》，刘长瑜就觉得女主角的眼神很动人，有很多可学的地方。演员一定要让眼睛说话。刘长瑜和爱人白继云都喜欢体育活动，刘长瑜爱跳舞、游泳、滑冰，白继云爱踢足球、打乒乓球。那会儿恋爱约会，他们常一起去看乒乓球赛。有一次刘长瑜生病了，但还是带病一起看完球赛，乒乓球对她来说也是练眼神的运动。她常说，演员一定要让眼睛同时帮你"说话"，有些关键的、只可意会不可言传的内容还需要眼睛来表达，你眼神不好，那你作为演员，最重要的一项基本功就不过关，演出就要打折扣。想让眼睛随心所欲地说话也不是光有感情、有激情就行，还得有技巧。那时刘长瑜住宿舍，她们还有一项比谁能哭、比谁能笑的活动，比谁哭得好，比谁笑得好，各种哭，各种笑，从大笑到大哭，从假笑到真哭，反正就是在宿舍里各种自娱自乐，在各种"造魔"中练就演员说笑就笑、说哭就哭、说停就停的本领。该换表情时你不能还沉浸在原来的世界中不能自拔，这是一项技能，无论笑功还是哭功，都包含眼神的运用。把"眼神运用"这样的基本功练好了，在塑造春草等人物形象时才能把用眼的各种技法恰到好处地运用上。

在"闯公堂"等重点关节处，除了把台词念好，唱好，也有一个眼神的配合与运用问题。"闯公堂"这段戏中，春草作为一个深闺里服侍小姐的小丫鬟，来到大老爷坐堂的大衙门，她急中生智的种种行动和表现对于小姑娘自己来说既是豁然开朗，解了眼前的燃眉之急，但也埋下一颗定时炸弹，内心后怕无穷。在这严峻森严的公堂之上，天真浪漫的小姑娘内心澎湃，眼神的运用成为心灵的窗口，扑腾的心绪要打开这扇窗让观众感同身受。当胡知府质问擅闯公堂之人的身份时，春草首先就是眼神一怔：是啊，我是谁啊，我是什么身份啊，我就闯进公堂了？扭扭捏捏，说了一个"我"字之后，小丫鬟心绪有所镇定，于是眼珠一转，念出"我是我啊呀"，这个眼珠一转就很好地表现出小姑娘的机灵聪敏。之后在胡知府与

:: 《春草闯堂》左起白玉玲饰演秋花、刘长瑜饰演春草、寇春华饰演胡进

诰命夫人双重逼问薛玫庭身份的情况下,春草配合着绞尽脑汁、咬手帕的动作,脱口而出"姑爷"二字,这个地方是春草在公堂中最急迫的情况,而急剧转动的眼神运用就非常清晰、外化地表现了人物的焦灼内心。春草急中生智地喊出"姑爷",调门高,念得又快又脆,表演上原来用的是荀派的咬手指,后来刘长瑜想用手绢,手绢面积大,可以更加放大表演,撒手闭眼,手绢一甩动,"姑爷"二字脱口而出,她的内心是害怕的,所以眼神转过后也

:: 《春草闯堂》左起刘长瑜饰演春草、司驿饰演王喜（前）、寇春华饰演胡进（后）、杜福珍饰演杨夫人

:: 《春草闯堂》左起刘长瑜饰演春草、寇春华饰演胡进、刘大可饰演杨夫人

:: 《春草闯堂》刘长瑜饰演春草、杜福珍饰演杨夫人

有短暂的惊惧，这可是弥天大谎，之后看"对手"都被蒙住了，这才又显示出小姑娘的神气与得意来。可见，也就在几个转瞬之间，从人物的内心出发，其动作尤其眼神表演有多么丰富！此后，春草的语言就转为威胁。当然，在这场表演中一定要注意不要把春草演成一个刁蛮的恶女，她连哄带骗的立场始终是从善心出发的，千万不能因此把可爱的春草演歪了，演出市侩气就不可爱了。

∷《春草闯堂》左起刘长瑜饰演春草、寇春华饰演胡进、司驿饰演王喜

闯公堂之后，接踵而来的就是面见小姐、向小姐交代的难题。因是小孩子习性，春草开始"软磨硬泡"，结果这小姑娘又中了老谋深算的胡知府的激将法。被胡知府一

∷《春草闯堂》左起江其虎饰演薛玫庭、耿巧云饰演李伴月、刘长瑜饰演春草

激将，春草立马表现出小姑娘的要强、不服输，随着激烈的音乐节奏"快跑"起来，此处的表演加入了很多技巧，要求演员手脚灵活，圆场、蹉步功夫过关。在快跑过程中，春草突然意识到，相府快到了，可她还没主意呢，于是一个急刹车停住了脚步，可怜坐轿的胡知府，一个趴虎，摔出轿外。这一情节的设置不得不佩服编剧、导演的高明，把春草的单纯、调皮、爱憎分明和胡知府的老练、油滑、攻于心计都表现得淋漓尽致，同时舞台表演手段丰富，舞台节奏明快，效果热烈。

:: 《春草闯堂》刘长瑜饰演春草、寇春华饰演胡进

　　行轿、坐轿的表演是闯公堂之后的表演重点，也是演员们用功较多的地方。京剧原来的行轿是主人上轿，旁边二侍卫一撩帘，上轿，放帘。而《春草闯堂》中的轿舞，前面说过是源自豫剧，是跟豫剧艺术家学的；在学习过程中，创作者和表演者又根据京剧的特点和自身条件，更加强化了技巧与表演。春草坐轿要强调出这小姑娘可能是第一次坐官轿的新鲜、调皮、好玩，她的轿舞与表演也有着与众不同的要点：上轿后，脚后跟就不能着地，只能用前脚尖；腰板要挺直，不能随意乱扭动，更不能摇头晃脑；要一直以有弹性的上步、跟步保持坐轿的忽悠感、悬浮感，如此演起来很吃功，演员必定很累。上坡、下坡要求全身协调配合，与4个轿夫形成合理构图：上坡时春草上身后仰，手逐渐倾斜，以自己为中心，与"轿子"形成向上的斜线；下坡时先俯身，随着俯身手同样逐渐倾斜，与"轿子"形成向下的统一大斜线。从这种轿舞的设计与调度可以看出戏曲表演的重要性，舞台空间的构建有时就在表演之中了。高超的表演往往显山见水，引领观众，在想象中完成轻灵的舞台

第二章·演艺

空间营造。

在行轿坐轿之初，创作者还要抓住一个要点，即春草坐知府的轿子。由小丫头代替知府坐轿的契机，春草的小脑瓜灵机一动，想出了"放帘"哄骗过关的主意。经过这个小关节，春草心情大变，又反过来催促行程，就有了"上坡""下坡"、打脚尖等京剧技法的展示，这场轿舞也显得精彩异常。

随后，"见小姐"这一场也很有意思。小姐是很有学识的闺门之女，身份高贵，春草虽与她感情很深，相处很好，春草爱小姐，理解小姐，体谅小姐，但春草也知道冒认姑爷的事情是闯了祸。春草"见小姐"既害怕小姐责怪，又有点侥幸于自己与小姐名为主仆，实则情同姐妹。她也算熟知小姐，然而"认姑爷"非比寻常，她也拿不准小姐的态度，于是她察言观色，对小姐一路引领，一层一层揭开谜底，最终才"轻描淡写"地说出冒认"姑爷"之事。一开始，春草这个机灵鬼是造势，朝小姐大声嚷嚷"可了不得了"，死人了；然后引出公案与薛玫庭公子的关系；再攀出与薛公子的关系的谎言，这个关系也是从亲戚到姑爷一层一层透露给小姐。念白除了前文提到的一开始一定要轻描淡写外，刘长瑜还有一个特殊的处理：春草怕小姐生气，对小姐说出"姑爷"二字必须很轻，但这两个字分量又很重，关乎剧情，观众不容易听清楚。于是，她在前面的"是"字上做文章：第一个"是"保持原调门，第二个"是"字调门降低、拉长，然后再慢而轻地说出"姑爷"。这样，这个"戏眼"就在轻重变化与丰富的节奏中很清晰地、很戏剧化地传达给观众了。所以说，此处最后承认冒认"姑爷"的"姑爷"二字可与之前公堂上脱口而出的"姑爷"完全不同，再加上秋花的"捣乱"，喜剧效果更强。

最后，小姐因"女儿经"的束缚而不接受认亲时，春草察言观色，抓住小姐对薛玫庭的爱恋仰慕之情，使出了"撒手锏"：从"尊小姐，休埋怨，乘势收兵也不难"一直到"都是我春草疯疯颠颠，颠颠疯疯，胡言乱语，谎话连篇"，采用了"拽咧子"的唱法，然后随着音乐节奏的变化，越唱越紧，狠着劲儿、咬着后槽牙唱"任你杀来任你打，打得他皮开肉绽，骨断筋残"，一直唱到小姐心里去。只有这样，小姐才可能害羞又无奈地答应春草的请求。小姐"变脸"也是春草意料之中的事情，她看小姐发难，问题解决不了，才开始"拽咧子"。这段"狠着劲儿"的唱词也是反向地运用了激将法，春草是了解小姐的：小姐有爱心，有正义心，小姐舍不得薛公子被打死。唱得越狠、越惨，小姐越要被"唱动"，这才又有了放下湘帘哄骗胡知府的剧情。

  小姐同意放湘帘了，秋花同意装小姐了，这时春草的表演是长舒一口气，请来胡知府。随之而来的戏还是很紧的，春草一边要"看"着胡知府，一边要保证缺心眼的秋花不露馅，在音乐节奏中，眼珠两边转动，既有花旦的"眼"技，也是人物在情境中的自然表演。此场最后，小姐说春草"死丫头"，秋花说春草"坏丫头"，春草说秋花"傻丫头"，三个"丫头"妙趣横生，意味深长。只可惜就快过关的当口，在李代桃僵的过程中，傻丫头秋花竟然又露馅了。在这其中，秋花的一段指责就学自《打渔杀家》。

  见完小姐"见相爷"，难题又来了，胡知府要修书给相爷报告！春草毕竟还是小丫鬟，她认为老相爷疼爱女儿，自以为是地认为只要"抢了原告"，跟相爷说清楚就没问题了，所以在见相爷之前，主仆二人虽然有些担心，但也有一定的信心。只是一见面，老相爷竟然已经知情了，而且还是被动得知情形。老相爷的出场一看就是很威严的，他是带着问罪的心情上场的。于是，小姐与春草重新把情况诉说一番。小姐在此时也体现出了担当。原来的蒲仙戏是由小姐担当主角，春草是个普通的丫头。京剧版根据演员情况进行了改编。此处小姐不仅有担当，也有发挥，不仅哭，还哭起娘来，这就打动了相爷之心。春草、小姐是善良的，她们赴京城见相爷去抢原告，目的是还原事实真相。在"见相爷"的表演中春草一定要机灵，跟着相爷的"脸色"变化而变化，她深知老相爷不续弦是因为对女儿的感情深，便示意小姐撒娇哭泣，小姐明了，更加发挥，主仆二人配合默契，春草夸赞小姐

::《春草闯堂》刘长瑜饰演春草、耿巧云饰演李伴月、白玉玲饰演秋花

哭娘的表演，当然这时也一定要注意表现出她小姑娘的单纯、可爱，甚至还有一些顽皮，保证不把她演成一个成熟的、心机颇深的女人。

春草还是很聪明的，她从相爷的言谈中产生了怀疑，为了骗信窥信，又敷衍出御笔楼的戏。春草引王守备的圆场一定要顺畅，眼神、脚底要配合好。刘

:: 《春草闯堂》刘长瑜饰演春草、耿巧云饰演李伴月

长瑜在表演春草与小姐商议对策时借用的一个非常俏的水袖，是她与顾森伯先生学《小宴》时，表现貂蝉制造董卓与吕布的矛盾时用的水袖，"如此如此，这般这般"，放袖、抓袖、扭花，用在此处很恰当。骗王守备快藏时也设计了一套技巧表演：随着心理节奏、音乐节奏一边耍水袖，一边运用眼神，以水袖翻飞、左顾右盼明白无误地告诉王守备"相爷要来了，你快快快，快藏，快藏"，并将这种表演持续到把王守备送到台帘里。当王守备再次来到相府报告喜讯时，他无意中的一句"就差万岁钦赐婚姻了"又给机灵的春草打开了一扇窗，她抓住机遇，计上心来，让王守备给徐太师报信，徐太师知道了，皇上也就知道了，皇上知道了，钦赐婚姻也就水到渠成了，闯堂结局也就有了"准谱"了，最后戏剧性地"揭盖子"时，春草的"装乖""装傻充愣"也就更富于戏剧性，更有意思了。

在给春草"塑形"的过程中，刘长瑜对这个人物的理解也有一个逐渐深入的过程，这也是刘长瑜在扮演了众多丫鬟之后得出的又一个与众不同：比如说春草和红娘就很不同。红娘生活在典型的封建势力代表人物老夫人和既向往爱情又顾及尊严，因而常常弄虚作假、隐含心事的相府小姐崔莺莺之间，红娘对莺莺解不透、摸不准，这种特定的处境只能使红娘在莺莺与张生的恋爱进程中处于被动的地位，在表演时就要以表现红娘的纯正善良和谨

第二章·演艺　59

慎多思为主。春草则不然，她服侍的小姐李伴月幼年丧母，父亲又常年离家在外，彼此虽是主仆关系，却终日相守，情同姊妹，春草对小姐的心思可以说是了如指掌的，在小姐的婚姻问题上春草也就始终立足于主导地位，演这个角色就要放得开，每每面对小姐婚事被阻，就会不自觉地跳出来，态度很鲜明，行动很大胆。

春草这个人物跟了刘长瑜近60年，已然化入她的血脉，她的每处表演都曾经过精心设计，但每次表演她都希望是自然流露。阿甲先生曾经有过"必然王国"与"自由王国"的论说，刘长瑜一生都在一个个人物中努力，想要到达"自由王国"的彼岸。

《春草闯堂》首演后，刘长瑜因为准备赴日本演出，这个戏演完两场后就搁下了。尤其去完日本回国就赶上现代戏会演，全团都排现代戏，之后刘长瑜又接了《红灯记》，因此，《春草闯堂》的复演就到了20世纪70年代末了。这个戏恢复之后刘长瑜的演出机会很多，大家都喜欢这个戏，观众非常认可，常常点这出。1979年，越南自卫反击战时剧团到云南前线去慰问，郑亦秋导演复排了《春草闯堂》。受现代戏人物塑造的影响，刘长瑜对"老戏"的演法也有了自己的一些认识和体悟，因而在10多年后恢复《春草闯堂》时，她就从台词、演法等方面进行了重新整理。正如荀慧生先生说的，你演谁呢？你别演我呀，你要演剧中人啊！在复排中，刘长瑜就想"我"怎么演。到1978年前后，刘长瑜对于舞台艺术的理解已进入了一个新的阶段，逐渐萌生出一种要创作的欲望，不管是曾经学演过的，还是首排的剧目，她都想重新去认识，去恢复，去挖掘。因为经过了10多年的舞台实践，尤其是有了现代戏的经历和进步，特别是前辈艺术家的提携引领之后，刘长瑜在艺术认识上发生了很大的变化，恢复传统戏也好，复排自己首演过的

:: 《春草闯堂》刘长瑜饰演春草

剧目也好，她都想在重新思考后修改提高，重新演出。比如荀慧生先生说，你要演哪个剧中人，要知道他的前500年、后500年，才能知道这个人物的基调，性格特征，在这个戏、这个事件中的作用。这些话又重新在她内心涌起一股创作的欲望，强烈地想把原来学过的、演过的戏重新思考，一出一出地恢复。

《春草闯堂》的复排，首先是从文词上捋顺。1963年新排的时候，其实都是照剧本念，照剧本背，其中有些台词用京白念并不顺口，那时也没来得及仔细打磨，演出其实比较吃力，没有一场不"吃栗子"。复排的时候就不一样了，刘长瑜想的是：怎么能让自己念得又顺，观众听起来又很舒服？于是，她按照场次对台词进行了重新梳理，然后在人物塑造上也下了功夫，这样经过不断地磨炼，演出也越来越顺了。

:: 《春草闯堂》刘长瑜饰演春草

2013年12月,为准备《春草闯堂》创排50周年纪念演出,刘长瑜在排练厅为管波、宋奕萱、陈静、张译心等几位"春草"细抠重投,她根据几位演员承担的演出场次和各自的表演、条件,逐场说明,逐个点拨。同时,她对这个戏的创排过程、艺术特点、剧中人物关系及相互配合,尤其是"春草"这一形象的心理、运用的表演手段等都进行了细致分析。她希望学生们调动各自智慧,结合自身条件,不断前进,不断丰富,继承剧院风格,百花齐放,与时俱进。

能遇着《春草闯堂》这样的好剧本是我的幸运。"小春草"的表演处处精心设计又处处自然流露,小丫头已然化入我的生命,我的血脉。我在戏曲的"必然王国"与"自由王国"中甘苦五十年,衷心希望五十年后,这个小丫头还活跃在京剧舞台上,并展示出新风姿。

——刘长瑜:《春草闯堂》创排50周年纪念演出节目单感言

:: 纪念《春草闯堂》创排50周年纪念演出节目单

:: 巩丽娟饰演春草  　　　　:: 张佳春饰演春草  　　　　:: 李晨饰演春草

:: 管波饰演春草  　　　　:: 王珺饰演春草

第二章·演艺

《秋江》
相思困锁离船

1963年底，四团准备去日本进行商业性交流演出。为了筹备赴日本的演出，刘长瑜学了《秋江》。在戏校的时候，班里刘琪、寇春华跟川剧学过《秋江》，他们学的时候刘长瑜跟着学，了解了大概路子，有些印象，但是并没有学得很细，也没有演过。为了筹备赴日本的演出，由二团的闫慧春老师（四团于光团长的夫人）教她《秋江》，由她饰演陈妙常，师兄弟司骥饰演艄翁。

《秋江》作为一个闺门旦的硬功戏，动作性很强，京剧的虚实结合，虚拟性、假定性、夸张性和写意性都在其中。一个舞台就两个人，艄翁拿着撑竿和桨，通过艄翁与道姑两个人的形体动作表现各种行船情景：一会儿水面平静，行船平缓；一会儿又波涛汹涌，风高舟急。这些全都通过简单的道具和演员的表演表达出来，情节、环境、人物种种都在行船过程中得以展示。这是《秋江》的特色，也是京剧的特色，戏曲的特色。《秋江》这个戏挺吃功，行话说"蔫累蔫累"，对刘长瑜来说也是一种历练，要想演出好效果，功夫就一定得到位，又是云步，又是圆场，又是蹉步，很吃功。

因为《秋江》要在舞台上表现的是船上的情景，刘长瑜要表现的是陈妙常从害怕到适应行船的一系列心理变化，她想着这种表达不能凭空想象，要想既真实又艺术地表现女孩子的

∷ 《秋江》寇春华饰演艄翁、刘长瑜饰演陈妙常

:: 《秋江》刘长瑜饰演陈妙常、寇春华饰演艄翁

这个心理体验过程，真正了解船在水面上行进的那种状态，还得去实地考察一下，于是刘长瑜就想到北海去划船，去体验一下上了船到底是一种什么样的感觉。那时候北海的游船都是自己拿桨划的人工船，作为生活体验正合适。一番考察后，很多问题就迎刃而解了：从岸上跨到船上是什么感觉，摇桨行船是什么感觉，坐在船后头该怎么使劲、怎么跟着，

站在船头又是什么感觉，这些体验实践一两次就全有了。现在讲深入生活，扎根人民，其实当时也是一样，作为演员，要在实际生活当中切身感受生活。当然，为艺术体验生活和单纯的娱乐还是有区别的，作为演员，生活中要处处用心才行，即使以前也可能划过船，但是如果没有注意演戏，没有带戏去观察体验生活，那也未必能深入地运用到艺术创作中。这次划船之后，刘长瑜觉得再演出的时候就有深切的感受和充分的依据了，而她再教年轻同志们的时候也能以"其所以然"来教学。不同的动作，上船是什么样的幅度，害怕是在什么程度，都有了层次感。这出戏虽然是一个很小的折子戏，但是对于刘长瑜在艺术上的成长也起到了很好的作用。

:: 《秋江》刘长瑜饰演陈妙常

:: 《秋江》刘长瑜饰演陈妙常、寇春华饰演艄翁

:: 《秋江》刘长瑜饰演陈妙常、张春华饰演艄翁

《野猪林》
旁观"神仙"说法

四团去日本演出时还带了《野猪林》，俞大陆演林冲，派刘长瑜饰演林娘子。刘长瑜后来工花旦，以这个行当见长，到了剧院后分工也比较明确，就是以花旦戏为主。这次对外交流，剧院派她演《野猪林》里的林娘子，虽然是一位端庄贤淑、坚贞不屈的女性，属于青衣应工的角色，但她也并没有觉得有负担。因为在戏校学的青衣戏比花旦戏还多，各种服饰的戏都学过，所以她没觉得遇到了一个新行当，接演也不是大难题，戏校打下的比较全面的基础到了剧团随时能用。

:: 1963年访日演出前

这次赴日本演出的《野猪林》是由李少春先生亲自给俞大陆指导，刘长瑜的林娘子就是先听杜近芳老师的录音学，杨秋玲原来也演，就把大概的路子给她说清了。因为李少春先生对艺术质量要求很高，对俞大陆非常严格，于是刘长瑜到了排戏时也跟着紧张了：要是一会儿说到林娘子怎么办呢？她这个林娘子可是现"钻锅"。当时先生却并未说她，她本来觉得挺幸运的，没受教训太好了，后来回想觉得真是莫大的遗憾。但是那次刘长瑜也看到了大艺术家是怎么要求的，他们在传授一个戏、一个人物时是怎么讲究的，很敬畏也很震撼，先生们说得那么好，说得那么透，要求那么高，所以那次经历也给她留下了深刻的印象。

赴日本的演出还排了《闹天宫》，侯正仁主演。他是一起从戏校实验剧团调过来的演员，由李少春先生指导排演，照例特别严格。当时因为赴日本的人员有限，不能全团都去，所以刘长瑜先是"偷桃盗丹""一条边"的仙女，等到二郎神点将的时候，就是九曜星君了，戴篷头、穿白箭衣、拿单剑，武生打扮，这又是一赶俩。这个戏刘长瑜没词儿，就是一个仙女和一个九曜星君，在排戏过程中也没有直接受少春先生的指导，但是先生传戏的氛围和对艺术的严格要求她切身感受到了，回忆起来，即使演群众角色也是很有收获的。刘长瑜在剧中武生打扮，也是因为在学校学过《大英杰烈》，在《大英杰烈》中扎过靠，穿过厚底，才算有基础，知道武生该有的工架。

在学校把基础打好了，到了剧团才能随时运用和提高；通过在剧团的不断运用和实践，又变得更加成熟。这个过程缺了哪段都不行，缺了戏校那段，没有基础，如果学了以后没有实践机会，那也没有提高的可能。回忆和总结这些年走过的从学到演，到实践，到逐步走向成熟的艺术道路，刘长瑜等艺术家们就是在党和国家的政策鼓舞下，特别是那么多老师、艺术家、同行的支持帮助下，一路从学校到剧团，一步一步地走过来的。

:: 《十三妹》刘长瑜饰演十三妹

《红灯记》
融铸传家宝

从日本访问回来,刘长瑜被调到中国京剧院一团,进入《红灯记》剧组,参加《红灯记》排演。从1963年进入剧组到1974年拍成电影为止,刘长瑜就已经连演了10余年《红灯记》,与这个剧目结下不解之缘,这个剧目也伴随了她一生。

::《红灯记》刘长瑜饰演李铁梅

::《红灯记》刘长瑜饰演李铁梅

参加创排是非常幸运的。刘长瑜刚接到通知的时候得知李少春先生、袁世海先生、高玉倩老师,还有一团的很多前辈都在剧组,兴奋之情可想而知,当然压力也很大。当时剧院有三组铁梅:曲素英、张曼玲和刘长瑜。后来因为其他任务,曲素英去排《战洪峰》,张曼玲回四团排《红色娘子军》,而杜近芳老师出国访问还没回来,所以刘长瑜和一批大师级的艺术家们同台排戏,在剧组中得到了他们的无私关怀和帮助,也因此快速成长。

:: 《红灯记》研讨会

《红灯记》的排演无异于京剧领域的一场艺术攻坚战,当时全国的现代戏热潮翻涌,加入剧组不但要解决剧目本身面临的艺术问题的考验,还要面对来自全国兄弟院团的竞赛,北京的《芦荡火种》,上海的《智取威虎山》,山东的《奇袭白虎团》,天津的《六号门》等都在排演之中,全国会演就是一个顶级艺术大擂台。《红灯记》凝聚了众多京剧表演艺术大师、专家、学者、同人们的智慧和宝贵心血,经过反复修改、不断打磨才成为精品力作。大家曾经对现代戏进行过艰苦探索,《红灯记》久演不衰,代代相传,要总结成果,运用经验,更好地推动当今现代戏实践。

《红灯记》是集体智慧的结晶,当时全体人员都主动进入创作状态,不管在剧中有没有活,不管活大活小,大家都积极参与了创作。《红灯记》的创作不只是这个剧组的人在创作,有角色的人也在创作,大家都在看,都在关注,都在出主意,想点子,设计唱、念、做、打、身段,全体演职员全身心地投入创演。

:: 《红灯记》左起高玉倩饰演李奶奶、刘长瑜饰演李铁梅、李少春饰演李玉和

:: 《红灯记》刘长瑜饰演李铁梅、钱浩梁饰演李玉和

:: 《红灯记》左起刘长瑜饰演李铁梅、钱浩梁饰演李玉和、高玉倩饰演李奶奶

:: 《红灯记》左起刘长瑜饰演李铁梅、孙岳饰演李玉和、高玉倩饰演李奶奶

:: 《红灯记》刘长瑜饰演李铁梅、高玉倩饰演李奶奶

:: 《红灯记》刘长瑜饰演李铁梅、王晶华饰演李奶奶

刘长瑜当时最年轻，而老师们都在教她。有段时间刘长瑜和李少春先生搭档，先生演父亲李玉和，刘长瑜演女儿李铁梅。有一次演出第一场铁梅下场后，吴素英老师正给刘长瑜说戏，她说得很负责，刘长瑜也听得聚精会神。当时还没有"粥棚"一场，场上处理是李玉和要再出去找磨刀人接关系，结果该刘长瑜上场了，但她还和吴老师在讨论，浑然不觉误场了，而此时李少春先生已经走到门边要下场了。那不行啊，这样下场就没法接暗场"粥棚"发生的事了，刘长瑜一着急，冲过去又把"爹爹"李少春先生给推回去了："爹，您别走啊，我给您打酒回来了。"真是好险的幕后故事！天津电台还保留着那天的现场录音！刘长瑜回忆起这件事不是说对于误场有办法，随机应变能力强，而是由此可以看出当时剧组每人每时每刻都在认真创作，都在参与创作，为这个戏出力，这个戏就是集体智慧的成果，一个手势，一个动作，都是大家的心血。

这样的例子还有很多很多。"咬住仇，咬住恨"那儿的表演与吐字就得益于李金泉先生的指点，他教刘长瑜：铁梅先把五指张开，再攥紧，这样显得更有力度，"仇"吐字的字头、字腹、字尾都要注意，通过咬字把铁梅的深仇大恨表达出来，更真切，

:: 《红灯记》刘长瑜饰演李铁梅

更清晰。高玉倩老师讲家史时，都是用眼神领着她，带着她，提示她，从而出现舞台节奏变化的错落有致。马连良先生指出李铁梅一条胳膊总耷拉着不行，才想出了左手提着袄襟

的动作，这才使得铁梅的造型又回归到京剧的"圆"顺好看。特务搜查那场，柯茵婴指出刘长瑜的表演情绪不连贯。杜近芳老师吐字清楚有力，维康把一个17岁的姑娘在爹被捕时看不下去的情感表达得很准确……刘长瑜也就是在很多老师、同事的帮助下，一点一滴把这个戏修改提高的，当然，这个戏还有一些地方是得益于观众的意见。

在《红灯记》的排演过程中，刘长瑜感受到了一种浓浓的、积极的集体创作的氛围，这个戏的成功渗透了全体同志的心血，它是集体智慧的结晶。因此，刘长瑜希望大家在排演这个戏时学的不仅是如何演戏，如何塑造自己的角色，还要通过这个戏的复排学习一种积极参与的精神，每个演员都有创作，每个演员都不只创作自己的角色，创作随时都在，多看戏，多排戏，多琢磨，相互激发，相互促进，这样戏也好了，大家也都提高了。

在演唱《红灯记》的唱段"听罢奶奶说红灯"时，唱到后面老要打嗝儿，特别是唱到"八百斤"的时候，气力就不够了，先生听了我的唱，就对我说："你应该在这个地方呼吸呀！"我说我没时间呼吸，先生听后就耐心地教导我："人的气息都是有限的，你如果不及时吸的话，到后来就顶不上去，要学会偷气。"说完先生就教给我怎样偷气，他告诉我在演唱的时候要把气吐干净，然后在最短暂的时间把气吸满，在先生无私的指导下，我终于学会了偷气，再演唱时就游刃有余了。

——摘自《心香——回忆张君秋先生对我的教益》

（刘长瑜撰写张君秋先生逝世2周年纪念文）

:: 《红灯记》李少春饰演李玉和、刘长瑜饰演李铁梅

还有一点,这些老师们每次排戏,没有说今天这段戏只说说路子,不带感情地只走一遍,绝对都是自己到现场,认真参与。李少春先生那时候身体不是特别好,但整个排戏过程都亲自排。为了塑造好李玉和这一舞台艺术形象,李少春在剧中精心设计了不少符合剧情和人物的唱念以及表演,比如在"赴宴斗鸠山"一场中,李玉和受刑后上场,他用双手推开日寇宪兵,逼近鸠山,然后一个翻身,扶椅挺立,满腔怒火地唱出"狼心狗肺贼鸠山",这一套连贯完整的舞蹈动作就是李少春先生创作的。在第二场"接受任务"中,李少春为李奶奶的上场也做了别开生面的处理。比如大幕一拉开,室外北风呼啸,室内四壁昏暗,李奶奶在【凤点头】的锣经中划燃火柴,点亮油灯,然后捻大灯芯,屋内渐渐由暗转明,紧接着唱出"革命的火焰一定要大放光芒"这段【西皮散板】。这样的开场处理和舞台调度就是既简洁凝练又意境深远,收到了强烈的艺术效果。类似这样的处理剧中还有很多,

李少春先生为《红灯记》这出戏花了很多心思。

在这样的氛围下,刘长瑜作为一个年轻演员,又敬畏又荣幸,那时并不懂得应该学什么,应该怎么从他们身上学到东西,但随着时间的推移,经过了多年的不断修改与打磨,他们言传身教的那些东西早已潜移默化,融入她的血液,影响和指导着她的艺术。

刚开始排《红灯记》的时候,刘长瑜总是很激动,甚至半夜发癔症在梦中哭闹:一方面是因为被剧情感动,对角色太投入了;一方面是因为还没有通过艺术的手段去塑造李铁梅,不懂得真正的艺术法则。后来看老师们排戏,觉得他们没那么激动,可是感染力很强,她才慢慢懂得要用京剧的表演技法去塑造一个现代人物,歇斯底里并不能把人物真正演好。

:: 左起刘长瑜、杜近芳、袁世海、钱浩梁、高玉倩

经过相当一段时间的排演,刘长瑜慢慢领悟到一些规律。她的反应够敏捷,先生们给她一个"范儿"也能接住。有段时间刘长瑜去看望高玉倩老师,她还说"长瑜你这个李铁梅我没地儿找啊,你演得好",刘长瑜则总认为"不是我演得好,是您演得好,我只是做到了没给您起哄,没搅和您"。就是这些老师,是他们舞台表演的节奏领着年轻的演员入神。这些东西都是经过了很长时间,演员才慢慢悟到的,有了感受,也就能够上更高的艺术境界。先生们有这样丰富的节奏变化,这么懂观众的气口,让观众有松有紧,所以

刘长瑜觉得跟大艺术家同台排练、演出那么多年，自己太幸运了！因此她也得出一个结论：年轻演员由大师级艺术家带领是走向成熟的重要道路。

多年的创作经验告诉我们，一个戏的剧本、音乐、唱腔、舞台调度、形体动作等都要经过反复推敲，不断修改。《红灯记》的成功因素之一，就在于"十年磨一戏"的执着与用功。

在京剧《红灯记》之前的电影《自有后来人》，曾引起了很大反响，话剧、京剧、歌剧等改编本相继出现，其中就有云燕铭先生在哈尔滨京剧团演出的京剧《革命自有后来人》，还有上海爱华沪剧团改编的《红灯记》。他们都是把主题放在接班人身上，剧院的《红灯记》经过改编与实践，最终改成了现在的样子，主题是歌颂共产党员，在革命先烈的言传身教下培养出革命接班人。

1963年岁末，中国京剧院接到改编沪剧《红灯记》的任务。1964年1月，翁偶虹先生把京剧初稿交给导演阿甲。阿甲看过后提出了修改意见，翁偶虹先生又重新修改了剧本。翁偶虹在《翁偶虹编剧生涯》一书中回忆道："《红灯记》从彩排改到公演，从公演改到会演，从会演改到赴沪观摩，从赴沪观摩改到两团会改，从两团会改到中南海为毛主席演出，从中南海演出改到《红旗》杂志、《剧本》月刊发表了剧本，各出版社发行了单行本，又从发表剧本改到20世纪70年代末，直到把全剧三个小时的演出时间压缩为两小时，从两小时的演出又改到八一电影制片厂拍摄成影片，才算告一段落。据我不准确的记忆，前后改动有二百次之多……"《红灯记》在创排之初即得到各级领导的高度重视，他们多次提出修改建议。剧本原来是东北一个小地方的故事，后改成京汉铁路大罢工作为背景，纳入到中国共产党领导下的工人运动。翁偶虹是京剧的行家，一生曾写那么多剧作，阿甲当时是剧院总导演，他们之前就有过很多合作。《红灯记》的任务到了剧院后，由他们和

:: 《红灯记》电影试妆照

其他很多大师级表演艺术家参与的创排经历了漫长的修改过程。据刘长瑜回忆,当时在北池子修改过的本子摞起来足有一米多高。

《红灯记》的唱腔也经过了不断修改,演员根据自己的条件来接受也经历了一个磨合、修改的过程,唱腔出来后肯定要反复试唱、试练。一段唱腔创作出来后,刘长瑜先是小声唱,小声唱会后上调门唱,再找胡琴伴奏唱。出现不合适的地方,演员、编剧与音乐设计一起讨论,一起修改,直到大家满意。这个戏音乐唱腔修改的地方很多,如第四场刚开始,铁

:: 《人民日报》相关报道

梅一出场唱的是【南梆子】"芳草迎春寸寸青"，最后改成了现在这样，整个《红灯记》没有一段【南梆子】。原来"刑场"铁梅的表演相当强烈，一边是爹遭鞭打，一边是奶奶受酷刑，铁梅在舞台上有很多戏可做，唱成套的【娃娃调】，李金泉老师、叶盛长老师在设计过门时，也据此设计了很多身段。刘长瑜排这戏时也觉得很强烈，很刺激，以至于晚上常从睡梦中惊醒，大哭、大喊、大叫。但《红灯记》毕竟不是《革命自有后来人》，铁梅在这场中过于强烈的表演有些偏离主线，因此铁梅的戏就要有所取舍，后来削减了很多，成为今天大家看到的这样。

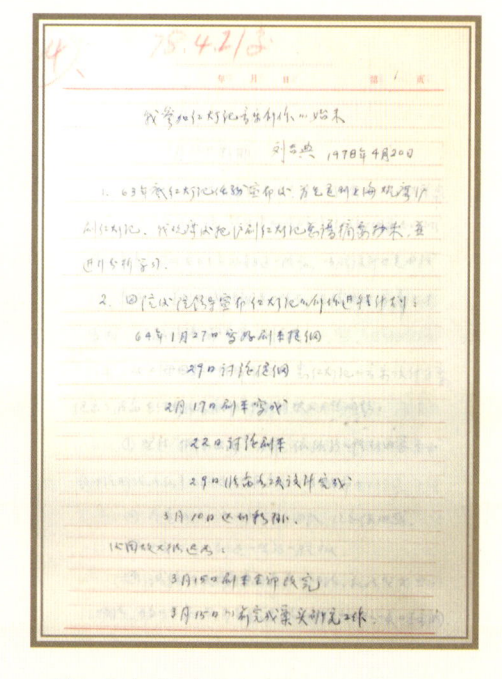

:: 刘吉典谈《红灯记》音乐

还有一例，第九场爹和奶奶都牺牲了，铁梅独自回家，家里空荡荡的，物是人非。当时的处理刚开始是这样的：铁梅环顾四周，在【哭皇天】乐曲中拿着爹爹常喝酒的酒瓶哭爹，又拿起奶奶常做活的笸箩，想着奶奶也走了，一下跪到台前，一通怀念亲人的悲切心情倾泻而出。每次排演到这儿刘长瑜都情不自禁地热泪盈眶，应该说此时是有戏可演的，很动人，当时设想观众也会很感动，但因为时间关系，也为了主线分明，这些东西篇幅不能太多，革命接班人不能过多地沉浸在悲痛中，铁梅要坚强起来，不能游离于思想主题之外，所以这些精心设计的表演也只能"割爱"了。

举了这么多例子，旨在说明好戏是不断修改，反复打磨的，同时，还应该认识到这个修改、打磨的过程其实就是剧组自身不断积累的过程，为塑造人物、理解戏情戏理奠定了良好、坚实的基础。刘长瑜每次在第八场"带李铁梅"出场后，看着"满身是血"的爹爹，都能很快进入情境，进入状态，就与刚才说到的虽经精心设计却被"割爱"的那种积累有关。刘长瑜往往是带戏上场的，能在很短的时间将此前的积累爆发出来。没有积累，没有历练，就只能走"形"，走"数"。所以说，修改、不断修改就是对这个人物、这个"朋友"不断了解，不断解剖，进入这个人物的灵魂的过程，只有经历这个过程才可能真正附体。改戏，不断改戏，就是帮助演员充实，帮助演员把握人物的基调，帮助演员进入人物的灵魂，从而达到真正附体的状态，她的经历也证明了这一点。

铁梅回家睹物思人的那场表演，现在比原来的设计简单：铁梅进屋后，环顾四壁，心理台词："家里东西都在，奶奶坐的椅子，爹拿的东西依然都在"，她快步扑向桌前，眼前有视象，好像爹站在那里一样，回想爹生前的样子，奶奶慈祥的样子，然后表演情感的爆发："爹——"，撕心裂肺地恸："奶奶——"，这儿哭得要真，但又不能真哭，否则嗓子哭坏了后边就没法儿唱了。这一段看似简单，但这也是在丰厚积累基础上的简练，是有内容的简洁。我们常说交一个朋友，三五天的接触只能是短暂的了解；只有认识三年五载，生活、工作等方面接触多了，才可能真正了解这个朋友。作为一个演员，要饰演的人物就是你的"朋友"，在剧目的不断修改过程中，搜索枯肠，挖空心思，探索人物，积累素材，才可能更加了解这个人物，才能和这个人物成为知根知底的好朋友；如果不琢磨，不了解，不磨合，最终就只能是点到即止，也就谈不上生动准确地表现人物了。

刘长瑜总说同学都比她好，她就是运气好，演了李铁梅，李铁梅是大家的，杜近芳、李维康、曲素英、张曼玲等都演过李铁梅，现在大家把荣誉给了她，更激发了她的责任感，激发了她的努力之心。现在她希望自己在教学中尽最大的能力做好传承。

:: 《红灯记》刘长瑜饰演李铁梅

从责任与担当再延展一下，大家知道戏曲艺术是通过程式来塑造人物的，艺术不是说教，不是报告，那么作为演员就必须讲究四功五法，要将美的艺术传达给观众，就必须要刻苦地、规范地掌握京剧艺术的四功五法，勤练基本功，真正做到"曲不离口，拳不离手"。刘长瑜就是抓住一切机会练功：拿顶、蹦子、翻身、串翻身、圆场、大步、小步都练，甚至是开会中间有半小时休息，也要飞奔到练功棚，踢四种腿，练劈叉，绞柱，练拿顶，在半个小时休息时间内把非练不可的功都练完。后来到魏公村练，再后来，练功场地少了，就改在家里练，因地方小，经常磕磕碰碰，还是照练不误，把门插上（这样有空间）练拿顶。前段时间她给学生加工《桃花村》，花田写扇出场后的系列动作有人说她演示出来还很溜，这主要还是从小练的，基础瓷实的原因。她要求学生们要有计划地练基功，复习所学剧目。马鞭趟马不能少，腕子要天天练，把子也要天天练，刀下场、枪下场、双刀下场等都要练，一定要有计划，多练功，这样才能有扎实的表演技能去塑造各种不同的人物，表演才精彩，有了精彩的演出，才能说得上担当，谈得上使命。

有了基功，有了技巧，还要注意观察生活，体验生活。现在演员同志们演李铁梅总感觉不像李铁梅，感觉、味道不一样，这也与缺乏生活经验有关，没有下乡劳动过，没下工厂体验过，感觉就会差些。没有深入接触体力劳动者，他们的思想感情，形体动作，如铁梅的脚步等就会有问题。再如《红灯记》最后游击队与日本兵的开打里有几处打枪，真实生活中的打枪都有很强的后坐力，表演时就要注意那种真实感。另外，战斗时短兵相接用的都是装了刺刀的机械大杆枪，不是老戏中的普通木头把子，怎么打斗就要注意，既要符合生活，还要化成京剧的把子。

排演《红灯记》时，剧组都到铁路上去看铁路工人怎么搬道岔，号志灯是什么样，去跟铁路上的同志们座谈。虽然没有去开火车，没当乘务员，但是知道李玉和拿的号志灯的功能，以及搬道岔是什么意思，这些生活体验让演员们掌握了一些常识，与角色起码从感情上有了交流。排戏过程中，一定不要忘记生活是艺术的源泉，特别是从思想感情上，受到了纯朴的第一线劳动者给予的教育，而且由此对他们产生了一种发自内心的敬爱之情，文艺工作者才会从心里更深地对他们产生了敬重和热爱。

京剧演现代戏是一次革命，这句话刘长瑜在实践中是

:: 号志灯的道具图

深有体会的。她从9岁起进中国戏校，到演《红灯记》之前，扮演的一直是贵族小姐之类的角色，思想感情也与这些剧中人接近，至于塑造无产阶级英雄人物，走为工农兵服务的方向，她当时并不懂，经过一段时期的学习，才有所悟，主动把自己的思想感情与工农兵

群众联系在一起,与群众打成一片。

第一次读完《红灯记》剧本,她一方面热爱李铁梅,也与这个剧中人物的思想发生了共鸣;另一方面,又很担心演不好。李铁梅是个17岁的姑娘,对于这一类女孩子的一般特征,刘长瑜多少能体会一些,可是就铁梅的身世遭遇而言,不但不曾经历,甚至都不曾见过,显然刘长瑜和"她"之间还有很长一段距离。初次彩排以后,刘长瑜向大家征求意见,有人就说演得挺像个17岁的女孩子,可就是不像铁梅。她一听可真着急啊,比如第一场,当李玉和叫铁梅回家去,告诉奶奶今晚有个"表叔"要到咱家去的表演,刚开始的表情是非常天真,好奇地围着爹爹问长问短,按当时的理解,这时的李铁梅是一个娇养的独生女,天真懵懂。后来,在领导同志们的耐心帮助下,她自己反复地思考,才对人物有了新的理解:李铁梅生长在革命的家庭,奶奶、爹爹和"表叔"也就是地下党员们的革命活动一开始虽然并没有告诉她,但小铁梅打小全看在眼里,记在心上,有时爹爹会让铁梅做一些通风报信的事情,所以每当她听到"表叔"要来,她就像个大人似的一本正经地等待着爹爹、奶奶的吩咐。只有抓住李铁梅"生长在革命家庭、政治上早成熟"这个特点才能较为准确地表现出李铁梅真正的性格。因而,在表演上,首先应当抓住她性格中刚的一面做文章。凡是与这种性格不符的一唱、一念、一做、一舞,不管技巧有多美,也不能用。传统戏中,年轻女子有许多耍辫子的技巧,都是单纯地追求美,而铁梅也有一条长长的辫子,演员虽然也注意发扬了美这一点,在辫子上还扎了红头绳,但并不是单纯地只是去追求表演的技巧,而是服从和服务于内容。

不能滥用技巧这一点刘长瑜是认识到了,可是在刚开始排练时又有另一个偏向,认为只要从人物出发演戏就行了,而对运用京剧的传统演唱技巧就不够重视了,结果由于缺乏传统表演技巧,人物的性格,内心的活动也表现得不突出。后来经过反复学习,她逐渐认识到,提倡演革命现代戏,必须批判地继承京剧丰富的传统艺术,使传统的表现手法为表现社会主义时代的英雄人物所用，现在演出的现代革命京剧《红灯记》《红色娘子军》《平原作战》等剧目，可以说都是继承和发展了传统的表现手法和技巧，初步做到了革命的现实内容和京剧的优秀传统相结合。在《红灯记》"接受任务"一场中，有一段【西皮流水】的唱腔，唱词就是"我家的表叔数不清，没有大事不登门，虽说是亲眷又不相认，可他比亲眷还要亲，爹爹和奶奶齐声唤亲人，这里的奥妙我也能猜出几分，他们和爹爹都一样，都有一颗红亮的心"。【西皮流水】的板式要求活泼明快、行云流水，但在旧京剧中，不从内容出发，在唱腔形式上就形成了一板到底的僵死的模式，而剧组从板式和唱腔的组织上都做了很大的突破，采用了1/4和2/4拍子交替使用的方法，既保持了【西皮流水】的传统特点，也吸收了另外一个板式中长于叙事、抒情的特点，使得这段唱腔完全适应了表现现代革命人物的要求，整段唱腔非常生活化，类似于李铁梅在向爹爹撒娇说话。

所以说排戏，尤其是现代戏，深入生活，体验生活，接受一线劳动者的改造，熟悉他们，了解他们，增进对他们的感情，这都是艺术的源泉，有了生活的体验，你再走这些技术，再唱的时候就有了更深切的感情。艺术源于生活，高于生活，艺术创作要深入生活，这些确实是颠扑不破的真理，想排好戏，尤其是现代戏，就必须要有生活，只有在生活基础上的加工，才能演得更真切，才能活灵活现，才能用艺术的手段打动观众的情感，所以深入生活是刘长瑜在排现代戏过程中一个特别重要的体会。除了围绕明确的新创主题、人物角色去有目的性地体验生活，年轻演员同志还要学会随时随地地观察生活：在公交站台等车可以观察人，在餐馆吃饭也可以观察人，要随时收集素材，时刻不要忘记自己的小名叫"演员"。

刘长瑜经历过亲人做手术，在焦急的等待过程中，在痛苦的经历中，她也没忘演员身份，把这些思维、情感的逻辑一一记下来：急救室的灯熄了，"蹭"地站起来了，看出来的是不是自己的亲人？亲人离我而去时我是什么感受？所以后来刘长瑜演《平原作战》中的小英子，《红灯照》中的田小雁，演到母亲被杀，那自己的感受是什么？并不会一下子就哭出来啊，开始是木讷的，之后才是心灵的颤抖，是撕心裂肺地哭。所以说，演员要把生活的点点滴滴，经历的自然感情逻辑时时刻刻记在心里，把生活的真相层层分析，层层剥开，再以艺术的手法层层表现，这才能有内容，是真艺术。

刘长瑜没见过爷爷、奶奶，也没叫过，那表演时怎么叫呢？她就看生活中小孩子怎么叫人：小侄子在她们家，各种状态下他怎么叫人的她都记在心里，在舞台上有选择地运用实践，这都是生活给她的启示。其实演员在舞台上无论是表现女儿还是表现母亲，无论是演现代戏还是近代戏或古装戏，人物关系是一致的，情感是一样的，感情逻辑也是一样的，作为演员你只有不断积累生活经验，提炼生活情感，才可能随时借用，随处发挥。

刘长瑜刚开始演铁梅一出场就是花旦的脚步，自己还觉得挺美的，领导观众看了，就对她说："你怎么这么高兴就出来了？"她这才意识到出场、亮相还带着行当的痕迹，脱离了生活，脱离了人物，也脱离了环境，观众批评了这个出场，反倒令她反省到铁梅是一个"提篮小卖拾煤渣""担水劈柴"干重活儿的劳动女孩，她的步子要有分量，要重一些，粗犷一些，演她的时候一定要从生活出发，要从人物出发，于是后来的出场就是带着对侵略者的仇恨，气囊囊地走出来，远处看到有人影，发现是自己的亲人——爹，再步履轻盈地跑过去。

同样，铁梅高举红灯跑圆场既要符合京剧的出场规范，又要符合戏情戏理，不能是花旦的碎步快跑，要立腰，有力度，坚定，步子大而稳，这样表演才算很符合铁梅健康的、坚定的劳动女孩的形象。之前版本里有铁梅听罢奶奶痛说革命家史后，她的思想认识有了质的飞跃，为表现她的心理和情感，此时的身段编排就是手托红灯跑圆场，在【望家乡】的锣鼓点中，由徐而疾，最后有力亮住，接唱【二黄快板】。这个跑圆场的过程也是铁梅思想转变的过程，这圈圆场在基本功扎实的基础上就是一定会改变传统程式的那种碎与飘，这是一位飞速成长的革命接班人的脚步。原来花旦所用的飘逸与轻快是完全不够用来表现的，于是刘长瑜改成了挺胸前倾、坚实快速的新程式，这种创造性的理解与消化是很能被观众接受的。

除了观察、体验真实的生活，演员也要注意多看戏，多看舞台演出，多看姊妹艺术，多看电视剧，多看书，从各种渠道积累生活，观察生活，这些都是演员塑造人物的灵感和手段，广泛吸收，融为己有，这样才能积累更多的手段，开启悟性，丰富想象力。看戏不能限于自己的行当，刘长瑜在戏校青衣、花旦、老生、武生、花脸、小花脸的戏什么行当都看，不是看一次，是若干次，所以有些东西已经潜移默化到心里，一旦有相类似情景就可以把相关的技巧、程式、生活经验一并用上。

刘长瑜演《桃花村》，春兰是爽气、土气、粗俗的小姑娘，说话的语速相对要快，她就看《快嘴李翠莲》，通过文学作品捕捉人物的基调。为表现小丫鬟在很焦急的情况下急得腿拉不开栓、全身发抖的表演，刘长瑜又借用了筱翠花先生的《马思远》的表演，还有《坐楼杀惜》宋江杀死惜姣后下楼梯的动作。那时人艺的话剧一元一张票，刘长瑜挣60元一月，但人艺的戏她没有不看的，看人物，看表演，吸收自己需要的点点滴滴。《起解》也是一出老戏了，但刘长瑜看《今古奇观》，读到王金龙与苏三的故事，讲王金龙高中后又特意回去找苏三，这样就能更好地理解人物了，演出来的人物也不会与作者原意相悖。刘长瑜看《日出》，看陈白露自杀前的表演，就想用什么京剧程式来表达，哪种唱腔板式最恰当？现在看电视剧，也不单是看故事，而是看现代人的思维和气质，琢磨剧中人遇到内

:: 刘长瑜读书

李玉和在隆滩车站附近接应交通员，要铁梅回去告诉奶奶，说"表叔"就要来了。

李玉和家和隔壁田大婶家同仇共苦，有着深厚的无产阶级感情。慧莲的孩子病了，又没吃的，李奶奶叫铁梅把家里的玉米面送给慧莲。

:: 《红灯记》连环画

心矛盾纠结时，该怎么处理。当年演《红灯记》，刘长瑜一开始也没找到李铁梅这个人物的基调，有一天突然想起《野火春风斗古城》连环画中的形象，书中插画小燕子挎着竹篮，眼睛怒目而视，这才有了铁梅的经典造型。刘长瑜有时一部电影看好几遍，第一遍，遇到悲伤的地方尽情地哭，让感情自然流淌，然后再看，继而理性地分析为什么会被感动，怎么被感染的，他用了什么音乐、什么动作、什么节奏，把可用的都借鉴过来，化为己有。

传统戏、新编历史剧、现代戏是三驾马车，刘长瑜认为传统戏有高度的艺术欣赏性，但是随着时代的发展也要与时俱进，要用现代人的思维，进一步挖掘。古装戏的服装是艺术化的夸张写意，扎大靠，穿蟒，佩玉带、戴凤冠、额子，现代戏的服装基本是生活的艺术化，外部动作如果不适度，还一本正经地拉云手，就会失去可信度，所以说演现代戏一定是既要规范又要适度。

演员演戏，首先要脑子里有人物形象，再要附体在所要扮演的角色上，要把握人物的基调，把握人物此时此刻此情此景的心理，再选用最恰当的京剧程式、表演技法演出来，感染观众，打动观众，做到有声有色，真切鲜活。如果不开启悟性，不开启想象，就没有活生生的人的形象，演戏也就没味儿了。尤其演现代戏，演剧中人一定要附体，他此时此刻的内心，要非常充实，形体要恰当，既规范又适度，这样才可信，才是有巨大艺术感染

第二章·演艺　89

力的成功之作，不然就会流于自然主义。这也是刘长瑜从曾经的演出经验中总结出来的。20 世纪 80 年代中期，剧院排了一出反映 80 年代天文气象工作者的戏《风雪云山路》。如何运用京剧的手段来塑造这样一位现代青年知识分子？当时除了练必需的基本功之外，刘长瑜就是换上高跟鞋，快步走圆场，翻身，跳上高台，因为她要饰演的角色是气象工作者，她的工作环境、工作性质决定了她的某些形象、气质。

人们在谈论京剧演员时说要有一条好嗓子，说到本嗓、大嗓、小嗓，等等，刘长瑜理解的大嗓、小嗓是人的自然声音，而舞台上的真声、假声都经过了艺术化的处理，声与嗓是有差异的。旦行演古装戏，唱念都是假声，但演现代戏，特别是旦行的现代戏，如果全用假嗓，那就特别假，很难把观众带到情境中去。当然，旦行的唱腔用假声多，如果用真声，调门高那肯定唱不上去，调门低用真声唱那又不是京剧了，而真声与大嗓是有区别的，绝对不是原生态的本嗓，发声不同。参加《红灯记》时刘长瑜有段时间以为自己嗓子出问题了，但唱传统戏还行，其实还是发声的问题，没掌握好方法的话嗓子肯定横了。她理解真声是高位共鸣与胸腔共鸣结合发出的声音，如"爹"的发音采用的就是高位共鸣与胸腔共鸣的结合。

舞台上人物的发声一定是声乐的，有节奏的、有韵律的、有语气的、有感情的。李铁梅的念白既是真声，那唱腔又如何以假声为主呢？这就有个衔接统一的问题，刘长瑜采用了叫板的方式来处理。铁梅有两处叫板："您听我说""就由不得你"，通过叫板完成唱与念之间的自然衔接。男声虽都是真声，唱李玉和、唱老生没有太大变化，但也有技巧，有发声方法，李玉和斗鸠山用本嗓表现共产党员的英雄气概，但还必须是高位胸腔共鸣，如果只是一味的很有激情，到第八场也很难圆满地完成成套的【导】【碰】【原】唱腔，所以说既有气势又不使声带受损，才是科学的发声法。

《红灯记》之所以成为精品，它是全方位的好，一台戏是整体呈现，当年这个戏的舞美、灯光、布景、服装、化装、音响、效果、道具等是全方位地体现了剧组在艺术上的不断追求。《红灯记》屋里屋外都有戏，舞美设计的室内外的比例很协调，既符合生活现实，又利于演员表演。灯光也有很多成功的设计：李奶奶第二场捻灯的灯光层次就很是看点。李玉和刑场【导板】之前，背景原是暗的，先出松柏的轮廓，松柏即是对人物的暗喻，喻"李玉和像松柏一样坚毅"，然后在音乐过门中随乐曲渐渐升光，李玉和在【导】【碰】【原】中憧憬"那时候全中国红旗插遍"，再出东方红的乐曲，这时用红光点染，烘托革命者对革命必胜的信念，灯光配合一直很到位。

:: 李畅、赵金声谈《红灯记》舞美

第二章·演艺　91

:: 《红灯记》舞台平面图

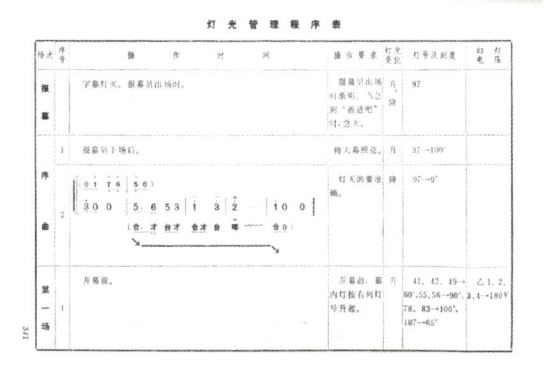

:: 《红灯记》舞美图

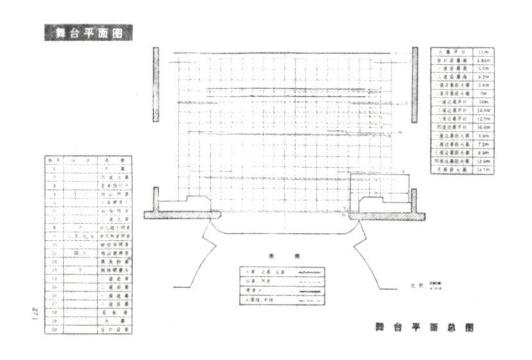

:: 《红灯记》灯光管理程序表

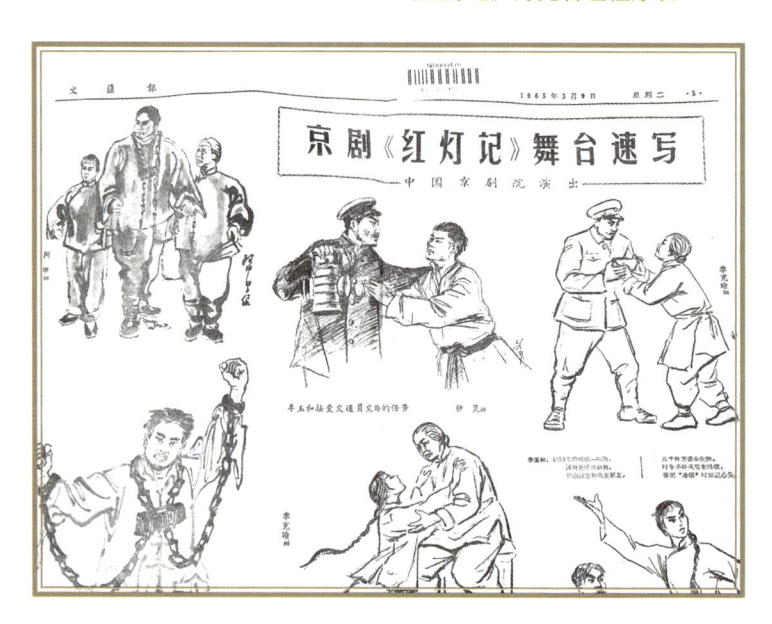

:: 《红灯记》舞台速写

《红灯记》的服装也是经过精心设计的,既是生活的,又是艺术的。补丁应该打在哪儿也有讲究,哪儿是生活中最费布料的部位,哪儿干活磨损最多,它的位置就在哪儿。服装之间如何顺色?李玉和的鞋设计的是深蓝色的,鞋头发白,不太新,但很协调,就很有美感。铁梅穿的袜子是浅藕荷色的,鞋是深藕荷的,黑包头;到后半出铁梅穿红裤子,配红绒鞋,黑包头。小铁梅的裤腿当时设计是较短的,她十六七岁,正蹿个儿,短点好看,也符合生活。

铁　梅（第一、二、五场）

铁　梅（第七、八、九场）

铁　梅（第七场）

铁　梅（第九场内衣）

:: 《红灯记》李铁梅服装

第二章·演艺　93

:: 《红灯记》下基层演出，刘长瑜饰演李铁梅、冯志孝饰演李玉和

那时的化装比较注重生活化，铁梅一天到晚在外跑，风吹日晒，化装是朝着健康的方向化的，脂粉气不能过重。脖子、耳朵、手也都化了装。

每个道具都经精心设计，每个职员也都有高度的责任感，为了保证枪声的万无一失，负责打枪的郝鸣振、慈元善等同志总是双份预备，这个不响，另外一个赶紧补上，原来在地上砸炮，后来加了铁墩子，在铁墩上砸。为了舞台上的门与门闩合槽，舞美同志们想了很多办法，他们为了演员表演的方便和舞台效果，把插管做得小，槽则比较大，并有滑石粉，防止夏天太热发涩，插不进去。李铁梅的篮子上的布也都事先把一头固定住了，利于她使用。铁梅坐的石头，正好跨着沿，宜于表演，一切的一切都在细节里。

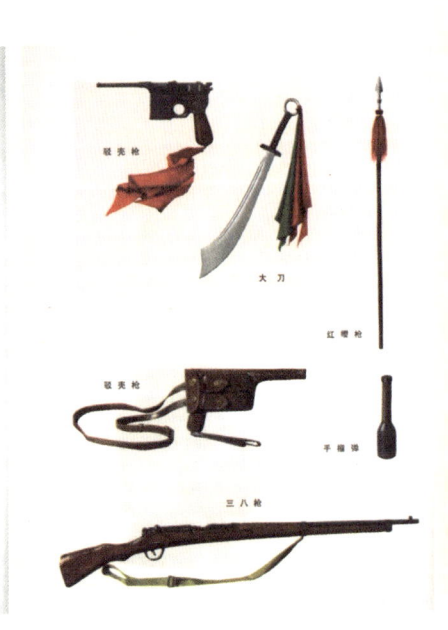

:: 《红灯记》李铁梅妆造　　:: 《红灯记》道具

:: 《红灯记》画报

效果非常重要，风声、警车声、刹车声运用得都特别恰当。李玉和一出场就在过门中有风声，一方面是自然风声，一方面是点染社会环境恶劣：侵略者铁蹄肆虐的残酷，白色恐怖的残酷，所以整个音效不大，效果好却又不搅唱。铁梅气囊囊出场的那段是一阵寒风起，正是"铁骨红梅""狂风暴雨扑不灭"的寓示，也是第二场李奶奶唱"打鱼的人经得起狂风巨浪"的伏笔，这些都是配合着环境的点染与人物的塑造而来的，所有的细节都与戏情戏理以及演员的表演严丝合缝，为整体舞台效果发挥了重要作用。

京剧是虚实结合、夸张写意的，我们现在舞台上看到了一些误区的表现，即舞台过于求实。我们的前辈艺术家，都是以表演来刻画环境、塑造人物，可是现在都求实，搞大制作，台上布景都摆满了，演员表演的空间就太小了，这不是京剧本体的东西，是违背京剧法则的。这是浪费纳税人的血汗钱。京剧被评为世界级非物质文化遗产，这是正反两面看的事情，之所以能评上是说明京剧自有其本身法则规律，而同时也让人看到京剧如果不发展，那就是"非遗"、古董，但我们在发展的同时这个创新的步伐与尺度是要认真考量的。京剧要发展，想跟上时代的节拍，跟上时代的脉搏，这是好意，但这样的搞法是不行的。尤其是并不是我们排了现代戏，排了现实题材京剧，就是创新，就是发展。再说得小一些，我们看京剧服装的"革新"，更是让人啼笑皆非。按照以前的衣箱规制，京剧的服装大致是依明朝的服装为基础进行的一种艺术化处理的服装，不同的服装代表不同的身份，各行当都是这样，比如说娘娘出来一定是戴凤冠的，皇上出来是戴王帽穿龙袍的，哪个朝代都是如此，只是在这其中又分出礼服、常服等，基本规制不大变，这正是前辈艺术家留给我们的非常宝贵的遗产。而现在却是反其道而行，新编历史剧中都是哪朝的戏就要做哪朝的服装，这是没有意义的浪费，在艺术上甚至是等同于倒退。梅兰芳大师当年演《贵妃醉酒》，演的是唐朝的杨玉环，他（她）没有穿唐朝的衣服，但他（她）就是杨玉环，大家没有觉得他（她）反历史，这就是我们艺术家智慧的体现。

能遵循的规律、能运用的法则就不要随意地去创新。

还有一种就是过分追求舞台效果，这也是一种误导。京剧和写实的话剧不同，京剧演员主要还得靠四功五法去塑造人物、演绎故事，所以不能像影视、话剧那样靠实境堆积，它的演出形式也与上述艺术门类不同，在借鉴创新的过程中我们不能盲目采用。鲁迅先生早说了拿来主义是要经过思考地拿来，是要取其精华，去其糟粕的，我们的京剧改革创新也一样。一出戏换了十来套服装，一套比一套好看，但不符合戏情戏理，就变成了服装展示。我们不能一味地追求所谓的美，这样的话不符合戏情戏理就不美了。舞台上砌末布景铺满，不利于表演又有何用？应该说现在年轻演员有天赋，条件好，嗓子一个赛一个好，于是追求舞台效果就变成了第一位的，也就是说，卖力气唱，追求掌声。其实我们京剧的唱腔不管是哪行，都是要通过运腔来展示人物此时此刻的内心世界，所谓心声的吐露，但现在就是"叫好"主义，我今天得到多少"好"，这个地方是否会鼓掌呢？卖力唱，势必就要大幅度地呼吸，而且有时唱不上去了，眉头皱着，这就会破坏古典的美。此外，我认为电视直播中向观众席开灯录制观众鼓掌的做法不妥，这等于暗示观众一开灯就要鼓掌叫好，这不是正确的引导。我还是希望京剧演员练好四功五法，提高文化素养，把戏演得更真切更动人，这才是京剧的发展之道。

我多年前曾观摩过苏州市京剧团进京演出，剧目分别是长荣的《红娘》和胡芝风的《李慧娘》，我在谈到《李慧娘》时就对其中的器乐运用问题有所感，李慧娘与裴生在红梅阁见面，用的音乐就是琵琶弹拨的独奏，效果特别突出，意境、心境全部到位，传统的好东西只要我们好好琢磨、善加利用，是能起到事半功倍的效果的。既要尊重传统，又要根据时代变化有所创新，这句话需要在剧目排演中一一实践才能真正感悟。

——摘自2013年8月刘长瑜在《中国京剧》杂志社举办的联谊会上的谈艺发言

∷《红灯记》刘长瑜饰演李铁梅

《红灯记》刘长瑜演了一辈子,也传了一辈子,走到哪儿都有人说这是李铁梅,集体的创作智慧都集中到了李铁梅身上,艺术永恒,对于艺术的执着与认真也永不失传。

:: 观众写给刘长瑜的信

部分《红灯记》演出录

1964年6—7月,现代戏观摩演出大会在北京举行,19个省、自治区、市的29个京剧团进京,演出35部现代京剧,两部"红灯记"题材演出,一部是中国京剧院的《红灯记》,一部是哈尔滨京剧团的《革命自有后来人》。前者于1964年10月10日在人民剧场演出。

1964年11月6日晚,中央领导在人民大会堂观看了演出,演出结束后,中央领导上台接见了全体演职人员,祝贺演出成功。这场演出的演员阵容是由李少春老师扮演李玉和,刘长瑜扮演李铁梅,高玉倩扮演李奶奶,袁世海扮演鸠山,谷春章扮演磨刀人,夏美珍扮演慧莲,曹韵清扮演侯宪补,孙洪勋扮演王连举。

1965年1月4日,在人民大会堂小礼堂演出《红灯记》,中央领导再次观看演出。

:: 《红灯记》下基层演出后合影,左起高玉倩、曲素英、魏学策、冯志孝、刘长瑜、杜近芳

:: 《红灯记》在延安演出,刘长瑜饰演李铁梅、王晶华饰演李奶奶

:: 万人观看《红灯记》,刘长瑜饰演李铁梅、高玉倩饰演李奶奶、冯志孝饰演李玉和

:: 《红灯记》下基层演出现场,刘长瑜饰演李铁梅

:: 1972年修河道休息时为群众表演

1965年2月，春节过后，《红灯记》剧组去广州、深圳演出，再回广州和上海巡回演出，历时3个月，45场，南下的巡演反响相当强烈，在各地的演出都引起了轰动，"痛说革命家史""刑场斗争"引得观众纷纷落泪。在上海连演了40来天，26场，场场爆满，获得观众高度赞誉。在上海演出期间，剧组辅导上海京剧院排演该剧，当时由童芷苓演李奶奶，杨春霞演李铁梅。

从1964年5月到1965年6月，《红灯记》上演的近一年时间里，大家对这个戏给予了高度关注，各地报刊常有评论文章发表。中国剧协还从中选辑了一批，辑成20余万字的《京剧〈红灯记〉评论集》，由中国戏剧出版社出版。

1968年，钢琴伴唱《红灯记》在北京民族宫剧院首演。钢琴家殷承宗与京剧打击乐队合作，为《红灯记》中著名唱段伴奏。钢琴伴唱《红灯记》既保留了京剧的唱腔和打击乐队的基本特点，又充分发挥了钢琴富于表现的特长，使人耳目一新。

钢琴伴唱《红灯记》排练时，刘长瑜骑自行车到和平里的殷承宗家吃饭，一起商量节目，这本身其实就是一种新的开拓与创作。那时邓玉华、殷承宗正在做一个钢琴交响曲，

:: 钢琴伴唱《红灯记》，殷承宗与刘长瑜

:: 钢琴伴唱《红灯记》，左起殷承宗、刘长瑜、钱浩梁

乐队是广播艺术团，钢琴是殷承宗，因为是京剧旋律，就派刘长瑜去辅导邓玉华，结果节目只有一个多小时，不够一个晚会，殷承宗提议："长瑜，干脆我弹钢琴，你唱京剧，咱们合作吧。"刘长瑜本来就很喜欢钢琴，觉得钢琴表现力强，殷先生提出这个建议，她欣然同意。后来他们一起出了两个节目，一个是毛主席诗词《沁园春·雪》，一个是《红灯记》"听罢奶奶说红灯"。之后在殷承宗的建议下，刘长瑜给钢琴伴唱京剧录音，报送上级。之后就有了钢琴伴唱《红灯记》。钢琴伴唱出来以后很受欢迎，不仅获得戏曲观众的喜爱，也吸引了大批的其他观众。

1971年1月，由八一电影制片厂拍摄的现代京剧舞台艺术片《红灯记》完成，这部作品的修改算告一段落。

:: 八一电影制片厂拍摄电影《红灯记》部分演职人员合影

1987年12月27日，"阿甲同志从事戏剧工作50周年演出"在人民剧场举办，演出剧目有两个，都是阿甲先生导演的作品，一个是传统戏《斩经堂》，由萧润增、马小曼、刘桂欣等主演，还有一台是《红灯记·痛说革命家史》，由孙岳、高玉倩和刘长瑜主演。这两部剧一个传统，一个现代：《斩经堂》在艺术上不失为一出很好的麒派戏，又经阿甲先生导演，所以在展演活动中演出；《红灯记》则作为现代戏纳入纪念演出，也是阿甲先生的代表作。

:: 《红灯记》祝贺张庚、阿甲同志分别从事戏剧工作55、50周年演出单

2001年5月26日、27日，在人民剧场演出了《红灯记》的一至六场，楼上楼下满坑满谷，剧场氛围异常热烈。演出基本原班人马，刘长瑜（李铁梅）60岁最年轻，孙洪勋（王连举）64岁，钱浩梁（李玉和）67岁，谷春章（磨刀人）69岁，高玉倩（李奶奶）75岁，袁世海先生（鸠山）86岁高龄。

2014年，逢《红灯记》首演50周年，剧院组织了纪念演出活动，《红灯记》依然受到观众的欢迎。

:: 耿巧云饰演铁梅

:: 吕慧敏饰演铁梅

:: 陈静饰演铁梅

:: 张译心饰演铁梅

《平原作战》
中华好儿女

通过排《红灯记》，刘长瑜获得了大师们的引领提携，对如何演现代人物有了认识。1976年前，除《红灯记》之外，刘长瑜在中国京剧院还排了其他几个现代戏：《平原作战》、《惠嫂》（根剧电影《昆仑山上一棵草》排成的京剧）和《草原兄妹》。后来排的这几个现代戏，更加深了她对现代戏的认识：一定要用京剧的技法去塑造现代人物。

:: 《平原作战》剧组体验生活时合影

《平原作战》中，刘长瑜饰演小英子。排演之前，剧组先到河北清苑县体验生活。当时有中央领导亲自打电话派三十八军战士同行。剧组就住在老乡家，跟当地的农民同吃同住同劳动，跟着下地干活，老乡给剧组讲发大水的过程，讲政府怎么营救。艰苦岁月，剧组在老乡家吃得并不好，就是腌白菜帮子、窝窝头，晚上没有干粮，吃棒糁粥。即使条件有限，剧组的同志们上老乡家串门，人家还是会端出珍贵的糖水来，让人强烈感觉到乡亲的纯朴和真挚。干活时，他们也老说行了行了，歇会儿歇会儿吧，担心同志们不习惯。刘长瑜虽然没去耪过地，但其他农活基本都有接触，也有了真实的体验与了解，通过跟老乡们同吃同住同劳动，一线劳动者的纯朴真诚也让剧组受到了深刻的教育。

:: 《平原作战》剧组与三十八军同赴河北清苑体验生活

《平原作战》剧组在河北冉庄体验生活时，听了当年参加抗日战争的老农同志的报告，也去了地道，还去了太行山、平型关，爬了狼牙山。去狼牙山的时候有的地方根本没有路，刘长瑜那时很瘦，不到90斤，遇上过不去的坎儿就由同事王平抱过去。上山有老农带路，大家觉得人家溜溜达达的不费什么劲儿，老爷子爬山就跟走平道似的，一会儿都跑老远了，剧组的同志们紧赶慢赶都追不上。等天黑了，同志们千难万苦才下山来，下来后就完全走不动了。那次体验生活的时间挺长，去的人也比较多。走之前刘长瑜的父亲就病得很厉害了，那时大家都没什么钱，她只能把仅有的40元拿出来交给哥哥，请他再添10元给父亲，等从河北回来，父亲却已因肝癌去世。

:: 《平原作战》剧组体验生活

《平原作战》中的小英子这个人物跟《红灯记》中的李铁梅一样，也是抗日时期的年轻女性角色，但两者又有很多不同。李铁梅提篮叫卖，她不拿枪，而小英子是民兵，当时正在打地道战，她要抗击日本侵略者，所以扮演这个角色就要求演员有翻身等动作，按照剧情和故事发生的地点，开打时从马槽、掩体中钻出来，再接跟日本兵格斗等武打场面，所以，对演员的技术要求又不一样。刘长瑜在这个戏中也积累了一些舞台经验，得到了提高。

《平原作战》排完以后，刘长瑜因为怀孕生孩子，演到孕5个月的时候就不演了，所以《平原作战》拍电影时小英子换成了李维康。她从学校毕业分到院里，还没成家，和刘长瑜住一个院，大伙经常在生活上相互照顾、在艺术上相互交流。那时物质条件虽然不那么好，但大家在艺术上的交流并不少，同在舞台上，都很有想法，相互切磋学习的氛围也比较浓厚，争相为剧目创作奉献各自的想法。

停拍电影的那段时间刘长瑜也并没有闲着，她看于玉蘅老师怎么教《红灯记》。刘长瑜虽自己演了，但看了于老师的教戏，对自己的表演艺术以及后来的教学都很有好处，后来她自己教陈淑芳、杨丽华、杨美琴以及后来的耿巧云等人，都是有借鉴的。

演《红灯记》时刘长瑜就深深地体会过跟老艺术家同台演戏的好处，《平原作战》又有高玉倩老师带着（高玉倩演奶奶，刘长瑜演英子），所以刘长瑜对高老师的感情一直特别深，高老师看见她也特别喜欢。

:: 1974年刘长瑜和高玉倩老师在北京郊区平谷县体验生活

之前刘长瑜跟袁世海先生演过《牛皋招亲》以及现代戏《红灯记》，受过教益。比如演《牛皋招亲》后头"洞房"一场，她和袁先生有两人的对句，然后接叉拳比武，排演中跟先生一过招，才知道先生的手把子、过招的节奏和动作的起伏。在现代戏《平原作战》中，也是袁先生、高老师一路领着她在正确的艺术道路上前进。《平原作战》中又能与先生们同台，不但在内地演，还到香港等地演，剧目也受到了观众的热烈欢迎。

在袁老生前，我非常荣幸地有机会近距离与他接触，并能与他同台演戏，他精湛的艺术和宽广的胸怀是我心中永远学习的榜样，他是我永远崇敬的师长。

袁世海先生从小入科班，勤于苦练、功底扎实，善于学习，又拜郝寿臣先生为师，深得郝派真传，感悟郝派艺术精华，结合自身条件，并注重兼融各派精萃，博采众家之长，极大地丰富了自己的表演艺术，因此在舞台上成功地塑造了身份不同、性格各异的人物形象。先生与时俱进，大胆创新，他所扮演的角

:: 《牛皋招亲》刘长瑜饰演戚赛玉、袁世海饰演牛皋

色是鲜活生动的、淋漓尽致的。比如《群英会》的曹操，《李逵探母》的李逵，《野猪林》的鲁智深，他演什么角色，什么角色就在舞台上活了，所以他赢得了"活曹操""活李逵""活鲁智深"等赞誉和美名。特别是他在现代戏中塑造的反面人物，真是一绝。比如《红灯记》中他饰演鸠山，《平原作战》中，他饰演龟田。他挖掘人物内心，把不同身份、地位、

性格的日本侵略者的特点区别演绎。鸠山曾是以日本外科医生身份潜入我国,为日本军国主义侵略中国埋下的一颗间谍钉子,袁先生演这一人物时就带着些文绉绉的儒气,而《平原作战》中的龟田是凶残暴虐的侵略者形象,他的演法又迥然不同。袁世海先生是架子花脸中最耀眼的光点,明亮的一颗星星,他的艺术发展并升华了花脸行,他是一位伟大的京剧表演艺术大师。

先生也是一位品德高尚,胸怀宽广的人。我们在排练时就从没看见过先生发脾气,从没听他说过别人的不是。即便是在那众所周知的年代,先生受到极不公正的待遇,事后他也是心态平和,没有打击报复没有怨恨,依旧用心于京剧事业。在先生面前,我是晚辈,年纪轻,也不懂事,1965年在上海演出时还曾因小事当面冲撞过先生,但是先生从没因此冷落我,而是经常鼓励我,激发我,他带着我演《牛皋招亲》,让我演戚赛玉,在这个戏里,我和先生的对手戏比较多,他亲手教我手把子,亲自教台词。他对

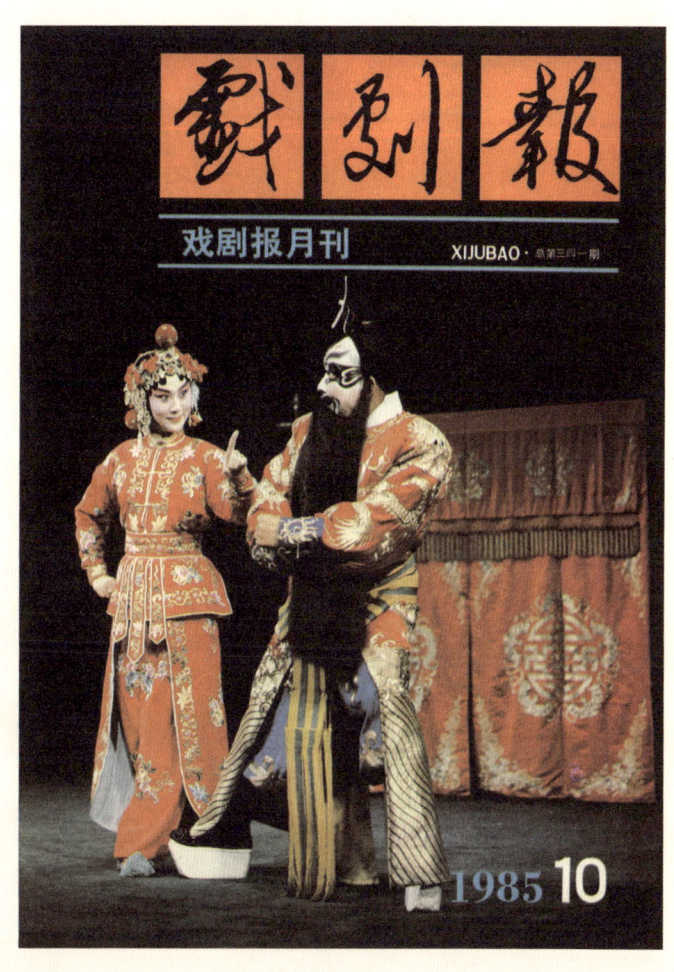

:: 《牛皋招亲》刘长瑜饰演戚赛玉、袁世海饰演牛皋

我特别厚爱，要排新戏时总想着给我安排重要角色。

　　袁世海先生是剧院的"开院元勋"，他是剧院艺术风格奠基人之一，为京剧艺术的发展起到了承前启后、推陈出新、继往开来的重要作用，先生胸怀宽广，艺术无疆，令人敬仰！他继承了前辈艺术家护本传薪的优秀品质，非常关注并积极投身到青年演员的培养工作。台上带，台下教，他先后收徒20余人，他的学生不仅有京剧演员，而且还包括评剧、汉剧、晋剧、河北梆子等地方剧的演员。先生言传身教，诲人不倦，他培养青年、提携引领，尤其是他带青年同台演戏，使得年轻人迅速成长，尽快成熟起来。袁先生总能通过舞台节奏的起伏强弱变化，把你带到情景之中，青年人都能感受到他的艺术魅力和感染力。我很幸运，曾亲身获得先生的提携和教导，先生带着我演戏，他的每一个动作、眼神、表情、神态，都为演对手戏的我领路铺石，使我开窍，如果说我在艺术上得到了同行和观众的认可，那也有着先生莫大的功劳。

　　　　　　　　　　——摘自刘长瑜在纪念袁世海先生诞辰100周年活动上的讲话

《惠嫂》
昆仑山上草

　　《平原作战》排完后，剧团接着排了《惠嫂》，这个剧是根据电影改编的作品，因为"惠嫂"的故事比较感人，人物形象有基础，所以京剧选入改编。

　　这个剧讲述的是一位年轻的女大学生在荒凉的高原上遇到以惠嫂为代表的一群坚守奋斗、为国贡献的人们，从而坚定信念，留守边疆、建设边疆的故事。刚从地质学校毕业，自愿到高原工作的年轻姑娘李婉丽刚到青藏高原就受不住旅途的颠簸和高山反应的折磨，在高原的风沙、严寒面前产生了回家的念头。司机将她送达了昆仑山口的一个宿食站——百里闻名的"司机之家"。李婉丽在这里见到了豪爽、热情的女主人惠嫂和她的"老头子"老惠。这间小房子里面，充满了欢声笑语，热腾腾的可口饭菜，主客亲如一家。在惠嫂的亲切照顾下，李婉丽感到了无限的温暖。在这里李婉丽也得知了"司机之家"建成的经历。惠嫂刚来时也看不惯这个"鬼地方"，她认为她老头子——宿食站的站长老惠骗了她，她又哭又闹地要回去，不管老惠怎样说服，不管司机们多么需要她这样一个热心、能干的当家人，她都决心要走。最后，老惠恼火地说她还不如昆仑山上的一棵草，并激动地向惠嫂说起这昆仑草的典故。昆仑草的精神以及司机们的需要、祖国建设的需要鼓舞了惠嫂，她毅然决定留下来，和老惠一起建设"司机之家"。之前老惠带领着几个病号徒手修起了"司机之家"的土窑洞，他们对着昆仑草发誓：共产党人要像松柏那样坚贞，要像杨柳一样，插到哪里，就在哪里活。共产党人难道还不如昆仑山上一棵草？李婉丽也深受感动。一个风雪交加的夜晚，司机小刘冒着大雪，两天两夜不吃不睡拉了一车粮食赶来，因为附近的工厂即将断粮。接着，他又不顾自己极度的困乏和饥饿，再次向风雪中驰去。这些建设高原的人们，那火样的热情，钢铁般的意志，深深地打动了李婉丽，她决心和惠嫂一样，留下来建设边疆，让日夜在高原上奔波的司机们得到家的温暖。黎明时分，李婉丽也重新坐上小刘的卡车，向高原前进。朝阳照耀着昆仑草，李婉丽也对着它发下誓言，决心要把自己的一生贡献给高原。

《惠嫂》是林默涵同志主抓的戏，当时想演成契诃夫式的戏剧作品，茫茫戈壁之上，一批养护工人默默驻守，在悲喜交加、诙谐幽默中表达出深厚的主题。李长春演养护工人，高玉倩老师演他的老伴惠嫂，刘长瑜演知识分子李婉丽。因为这个剧目，刘长瑜有幸和李金泉、刘吉典、高玉倩、李长春、刘学钦、张岚等同志合作。

因为刘长瑜在《惠嫂》中要扮演李婉丽，她是以一个地质学院毕业的大学生到西北去支援建设的身份，所以她就先去地质学院体验生活，感受大学生知识分子的思想感情和人格气质。去的时候正好学院学生宿舍有一张床空着，但没有被子、褥子，同学们特别热情，把夏天不用的蚊帐捐献出来当了褥子，把她们的衣裳和她自己带去的衣裳摞起来当被子。刘长瑜在地质学院住了一阵子，在生活中先了解这些大学生。

剧本设定的剧情主题是扎根西北，建设边疆，西北空气稀薄，环境特殊，剧组为了排好这个剧，一行多人特意到西北体验生活。从北京坐火车到青海后，换乘汽车，一路经青海湖、格尔木、纳赤台，顺着青藏公路，到了不冻泉。不冻泉海拔将近4700米，缺氧厉害，同志们感觉心脏都要从嘴里跳出来了，那种体验真是不到当地无法想象。要上厕所怎么办？得下车，用手捂着心脏，慢慢走，慢慢走，一个同志拿着大衣挡着，就只能是随地解决，再捧着心脏，慢慢走回车上。这都是鲜活的高原生活体验，所以后来演这个戏的时候，剧组就有捧着心脏的形体设计，在现场也是像走脚步似的走，在台上就想着要把心脏要跳出来的那种感觉演出来，总之是有了很多深刻的切身感受，演起来也更对路子。

李金泉老师、刘吉典老师、高玉倩老师血压本来就高，到了一定海拔就不能让他们再上了。相对年轻一些的就再往上走，到了不冻泉有水银矿，刘长瑜也开始头疼欲裂，血压也很高，心律都不对劲了，然后做心电图，最后是氧气、强心针全上了，本来她的胃也不好，当时很瘦，吃什么都吐，喝水也吐，8月的天气，还穿着毛裤、盖着大衣，浑身上牙打下牙地抖。剧组里有的同志像刘学钦、张岚、常贵祥等全都大被子捂着，动弹不了。最后，年轻的能上去的都上去了，在真正稀薄的空气中真真实实地好好体验了一把什么叫高原反应。

剧组一路走在大戈壁上，一天都不拐弯地走，体会像惠嫂夫妇那样伟大的人们如何在那儿扎下根。那些孤独的护路工人成天地见不着人烟，水是隔几天靠人从远地儿送过去，因为海拔高，煮什么都不熟，虽然国家给他们的工资不低，但那钱就吊在房梁上，没地儿花，条件很艰苦。剧组深入生活，算是真正地体验了一回当地情况。空气稀薄的自然环境大家感受到了，守在当地的英雄的伟大大家也感受到了，对比他们，剧组也没觉得自己苦了。

刘长瑜演的女性知识分子有热情，在种种困难面前，她有动摇，但在老两口的教育下，她又坚定下来，扎根西北，为边疆做贡献，结合这次的生活体验，刘长瑜对于剧本的人物设定的理解也更深刻了。

回来以后，剧团在歌剧舞剧院排练，李紫贵的导演，刘吉典的音乐，李欣参加唱腔设计。戏里惠嫂的老伴很幽默，夫妻之间的戏也很风趣，领导同志当时就是要求要在幽默风趣的喜剧氛围中传达一种乐观主义的精神力量，从而歌颂人民在艰苦环境中为祖国边疆建设做出的伟大贡献。

《草原兄妹》
人民小英雄

1974年，剧院创排《草原兄妹》。《草原兄妹》原是根据"草原英雄小姐妹"的故事改编，李丽与李光主演，原来李丽排A组，后来刘长瑜也参加排演。

刘长瑜是真见过两个草原英雄小姐妹的，她们都是人大代表，开"人大"的时候三人就见面了，那时妹妹龙梅的腿已经冻坏了，接的假肢。因为京剧移植时照顾到行当表演与声色区分，就把两姐妹改成了兄妹。李丽和刘长瑜演妹妹斯琴，哥哥朝鲁则由李光、马永贵扮演。

:: 1974年《草原兄妹》剧组在内蒙体验生活

为了排这个戏，剧组首先深入到内蒙古体验生活，跟牧民住在帐篷里。那时候的生活条件已经有了改进，不是直接在地皮上铺毡子，而是搭了一层板子，住在板子上。去的时候那儿正是热天，羊杀了以后一只吃不完，就切成一条一条地晾在帐篷里，晾干了就不会坏。李丽闻到羊肉味就反胃，所以没进帐篷，直接睡在汽车里。剧组天天早晨起来吃当地早点，排叉也是奶油炸的。当地水少，特别浅，有时只能用囊打水，等打完两囊，水就没了，得慢慢等，再蓄进来才有。所以同志们就是漱口水吐了，洗脸水留着，晚上回来继续用。牧民们性格特别豪爽，他们的碗不刷，记着你使过哪个碗，吃完了以后把碗舔干净，下顿还使这碗。缺水嘛！剧组全经历一遍。

:: 1974年《草原兄妹》剧组在内蒙体验生活

挤奶必须在凌晨，不能等天亮了，天亮了就挤不出奶来，所以剧组同志们就是在天蒙蒙亮的时候，看牧民把牛犊子给母牛吃奶，等把奶喂出来就派活来。汉民哪会挤啊，没挤几下又没奶了，眼看奶牛不出奶了，再把小牛犊子拉过来，再把奶喂出来，再接着挤，有时没办法就是抒，虽然牧民都告诉方法了，实际操作还是不行。

还有剪羊毛，起初也不会，人家不能把好的剪子让给你们来体验啊，他们还有很多活。给剧组的剪刀本身也比较钝，而大家技术又不行，手上也不会使力，气力

:: 1974年《草原兄妹》剧组在内蒙体验生活

第二章·演艺　117

也不够，加上剪刀也不好使，有时一不小心，羊毛没剪好，剪刀尖把羊皮给戳破了，自己手上磨的茧子也破了，羊血混着手上的血，糊了一手。

打草也是一种技术活，打草用那种长杆的镰刀，不像咱们割麦子用那种短杆的。牛不会刨吃的，羊会刨，所以牛必须得在快冷的时候，给它提前准备很多草，以备冬天用。

放羊是晨起之事，先挤奶，吃早点，然后就去放羊，等到放完羊回来，脸就快皲裂了，特别扎，所以洗脸也就大概洗一洗，没有什么条件说什么护肤，一概没有。放羊的时候，羊走到哪儿，人就得跟到哪儿，放羊人不想让羊往这边走了，就拿个铲儿"啪"扔出去，羊就要掉头换位置。于是，我们就知道牧羊怎么牧了。

:: 1974年《草原兄妹》剧组在内蒙古体验生活

同去的还有一位剧院的西洋乐队的少数民族同志妮玛，她是拉中提的，也一起深入生活。剧组去的这个地方的少数民族都特别喜欢歌舞、音乐，妮玛一拉琴，他们就都围过来一起听。

总之，挤奶、放羊、打草、捡牛粪，牧民的活剧组全干，在那儿体验了一个多月吧，积累了很多生活常识，也在身段等创作设计上有了很多新的贴合生活实际的想法，因为有寒冷、风雪、受伤、放羊等场景，所以后来《草原兄妹》中的牧羊就有翻身、耍铲，由武生完成，还有大枪下场，这些都是张春华老师那时候设计的，原来并没有。原来就是比大枪等。其实春华老师在设计之初，妹妹完全是按照李丽的武旦行来设计的，角色动作设计的抢背、乌龙绞柱、单腿翻身、挥海、耍枪等，都是武旦的，当然这个角色的唱也很多。刘长瑜参加排演《草原兄妹》时刚生完小孩，那时不像现在能歇这么长时间，一切都以角色要求为标准，并不因个人的行当和特殊情况而减少相关技术要求。那时都很拼，记得演《平原作战》时她也一直演到怀孕五个月的时候。一开始还是她自己翻，到了五个月的时候，才由扮演女民兵的林绍华下高、开打。生完孩子后，刘长瑜又接了《草原兄妹》，

∷ 1974年《草原兄妹》剧组在内蒙古体验生活

对她来说也是一次艺术的重生，以戏带练功，整个状态重新恢复和提高。刘长瑜觉得自己能有机会在张春华老师的指导下排《草原兄妹》，实际上是延长了舞台生命。设想假如当时不演这个戏，练的内容也会相应减少，动作量也会减少，基本功有些也就撂下了。

∷ 1974年《草原兄妹》剧组在内蒙古体验生活

∷《草原兄妹》李光饰演朝鲁、刘长瑜饰演斯琴

刘长瑜加入排演的时候，张春华老师并没有因为她不是武旦而减掉相关的动作设计，她在张春华老师的训练指导下，一回不行再来一回，反反复复地练，该练什么练什么，艺术上绝不允许下滑。其中有个抢背，她在中间犹豫了一下，结果就摔伤骨裂了。大家都知道春华老师对艺术的高标准与严要求。记得那时刘长瑜还参加了人大会，住会同期的都是重量级的大师，李少春先生、袁世海先生、曹禺先生等，即使住会也不落功，每天早上在宾馆的院子里找地儿练功，那时少春先生看了，只说"太满"，也由此可见春华先生的要求。当然，也正是春华先生对舞台的这种硬性的督促与检查，让她明白，要想演好戏，要想按质量完成角色，就得苦练。当然，张老师要求的不只是完成高难度的技巧动作，他是很讲究人物塑造的老师，对演员的表演与人物都提出了很高的要求。张老师对刘长瑜寄予了很大的希望，也给予了很多帮助，后来这个戏正式演出了，回顾从采风到演出的整个过程，虽苦还甜，通过这个戏，刘长瑜的艺术状态也很快回归正轨，舞台生命常青。

《风雪云山路》
壮志万里酬

《风雪云山路》应该说是个当代戏，由齐致翔编剧，剧本写了一个 80 年代的女性知识青年为气象事业奋斗的故事。剧院排这个戏时基本还是沿着一队（《红色娘子军》剧组）、二队（《红灯记》剧组）时期的组合在进行，当时参加的人还有李光、沈健瑾等人。排练地点在魏公村。这个戏要表现一个 80 年代的青年留学生，一个时代的知识女性并不那么容易演，刘长瑜也很上心。首先是演员的职业、思想等与当代社会的时髦青年本身存在距离，刘长瑜觉得自己并不熟悉当代年轻人内心最深处的想法，他们的理想，他们的做派。

在思想与做派上，刘长瑜有意识地去学习和理解所要表现的人物，在形体、表演上更是付出了努力。风雪云山路上的气象工作免不了爬山登高，于是刘长瑜就穿着高跟鞋练脚步，练身段，气象站一般建在相对高的地方，穿着高跟鞋练起身段来就是为了在贴近人物现实身份的同时，表现出人物的艺术造型美，戏曲的表演美。

:: 《风雪云山路》剧组深入基层体验生活

在音乐上，剧组特意选了当时很流行的《年轻的朋友来相会》这首歌曲的弦律，这也充分体现了创作者很想将这种现实题材的剧目做出新气象，与青年人共鸣。总之，大家为了这个戏都很努力，为了剧目能紧跟时代脉搏，能自然地表现改革开放的新时代、新气象，大家都在认真演戏。只是还没到完全排完的时候,剧院机构改革,很可惜,《风雪云山路》就被搁下了。惋惜之余,刘长瑜通过这次的努力排演,也获得了更多的艺术积累。

现代戏当然是要关切生活,反映当下,我们的取材不可避免地存在时间节点、重大历史事件等这样一些束缚,但现代戏并不代表降低艺术标准,恰恰相反,现代戏对戏曲、对京剧提出了更高的要求,这是一种在传统的基础上披荆斩棘的创作,既要端正思想认识,也要提高艺术教育水平,更需要专业人员克服心态浮躁、敬业精神不够等问题。我们要认真探寻症结所在,有针对性地去解决问题。十年磨一剑的精神是不能丢的,好的艺术都是用心打磨的作品,要推动文化大发展大繁荣,就需要我们拿出扎扎实实的、让人们在许多年后依然印象深刻的作品。如果创作出来的东西都像礼花,放了就过去了,那肯定是不行的。

——2008年,刘长瑜参加人民代表大会,接受《中国文化报》采访,谈到"礼花戏"及现代戏创作的问题

《红灯照》
丹心挽乾坤

1976年以后，剧院排演了《红灯照》。刘长瑜演田小雁，是一个主要配演，这个角色跟八国联军有杀母之仇。张春华老师在剧中演叛徒卞宗，刘长瑜又一次有幸跟春华老师同台演对手戏。

说起《红灯照》这出戏的缘起，还是跟刘长瑜有关系。之前很多中央领导都喜欢听京剧，剧院也常到怀仁堂去演出，从毕业以后刘长瑜就断断续续去，礼拜六到怀仁堂，礼拜三到紫光阁。

:: 《红灯照》刘长瑜饰演田小雁

有一次演出剧目为《龙女牧羊》，《龙女牧羊》本是杨秋玲主演的剧目，因为她生病，需要人替演，刘长瑜根本没想到会让她演。四团于团长做工作："长瑜，如果我们今天是一支部队，在攻坚一个山头，举大旗的同志在前边英勇牺牲了，你怎么办？"刘长瑜当即答："那我举起大旗向前冲。"团长于是说："好，《龙女牧羊》你演。"当时刘长瑜历来演的是《龙女牧羊》的群众角色，主角的戏是一句也不会唱的，而且留给她的也只有几天工夫了。经过努力，靳文山说腔，孙定薇等人说身段，刘长瑜还是很好地完成了临时任务。给领导们唱完《龙女牧羊》，毛主席非常幽默地笑称："你刚从我家乡（洞庭湖）来啊。"后来跟领导们也熟了，毛主席就问《红灯记》是怎么回事，又说你们可以排《红灯照》，还讲了八国联军侵略中国，很多女孩子在天津，晚上打着灯笼练武，抗击外国侵略者的故事。

:: 《龙女牧羊》夏永泉饰演柳毅、刘长瑜饰演龙女

毛主席提出这个想法时是 1964 年的 3 月，这个振奋人心的喜讯迅速传到剧院后，当时党委的负责同志根据指示精神作了规划和部署，还积极克服困难，组织部分创作人员赴天津进行调查研究，采风创作。可惜的是，等全国京剧现代戏会演胜利结束，因为上面对京剧现代戏抓得很紧，所有传统戏、历史剧都没有了排演空间，《红灯照》就被搁置了。这一放就是将近十年。1976 年剧院在讨论排什么戏时，才把毛主席给出的这个文艺题给拾起来，决定排演《红灯照》。毛主席出的这个题让人想起"百花齐放，推陈出新""古为今用，洋为中用"，剧院不但要排现代戏，近代史剧对于现实照样有鼓舞和借鉴作用。社会恢复正常秩序之后，剧院就以实际行动排出了这部历史剧《红灯照》。1977 年 6 月，《人民戏剧》出了《赞京剧〈红灯照〉》的文章，记录了《红灯照》1977 年 10 月 6 日的党和国家领导人观演情况。

《红灯照》以 1900 年义和团天津保卫战为背景，艺术地再现了那次伟大的反帝斗争。"题目"出来以后，创作人员着手准备。担任编剧执笔的是吕瑞明和阎肃两位先生。吕瑞明是院长，阎肃是特邀参加，阎肃先生人非常好，大家都管他叫"老阎肃"，这位好人总是跟大家打成一片。他之前就参加过《红色娘子军》的创作，之后还参加过一些剧目。他和吕瑞明院长合作《红灯照》也面临着一些困难。义和团大家多少了解一些，资料也比较足，而"红灯照"史料相对就少多了。所以，两位先生应该是在把握大方向的基础上进行了创作的。关于"红灯照"，两位先生进行了深入地了解，也带领整个剧组进行了分析研究。

"红灯照"是义和团运动中的一支妇女组织，担负着后勤、医护、巡防等任务，同时习武、战斗，参加过义和团攻打老龙头车站和紫竹林租界的战斗。她们是义和团的重要组成部分，毛主席对义和团有着很高的评价，认为这个组织"表现了中国人民不甘屈服于帝国主义及其走狗的顽强的反抗精神。"京剧《红灯照》首先要做的就是表现红灯照的为国为民的斗

:: 《红灯照》刘长瑜饰演田小雁

:: 《红灯照》刘长瑜饰演田小雁

:: 《红灯照》左起刘长瑜饰演田小雁、杨秋玲饰演大师姐、萧润增饰演老汉

:: 《红灯照》杨秋玲饰演大师姐、刘长瑜饰演田小雁

争精神。作品没有渲染宗教迷信的内容，而是立足唯物主义的历史观，反映历史现象，揭示历史规律，歌颂人民英雄。全剧呈现了以义和团、红灯照为代表的进步力量与封建反动的清王朝以及入侵中国的帝国主义之间的斗争，歌颂了中国人民前仆后继、英勇不屈的斗争精神。

《红灯照》着力刻画的人物是林黑娘以及她的接班人田小雁。这两位主要人物的塑造是对"三突出"原则的一个突破。一台戏并不一定只能一个主要人物主宰，其他人物无论是正面人物还是反面人物，并不一定只能作为陪衬，各个角色各有作用。这台《红灯照》既有林黑娘这样戏份很重的青衣，也有田小雁这样寓示意义很强的花旦，既有两位旦角的交织，也有相当"出彩"的叛徒人物卞宗以及英雄的群像。

刘长瑜在剧中扮演正面角色之一田小雁。这个人物可以对照着林黑娘来看。她们是两代人，林是"革命先烈"，田小雁是事业的继承者。剧作就是围绕着这样一种关系展开剧情的。林黑娘作为前辈，她悉心培养了田小雁。为此，在舞台上也设置了很好的表演细节，并一再重复和强调。最典型的场景就是林黑娘教小雁练刀，小雁与林比刀，没几下就被扼住了腕子，不能脱身，林黑娘在制服小雁之际，又故意教给她翻腕逃脱的技巧，小雁学会后，二人重新挥刀对阵。这个场景也让人联想起《杨门女将》

:: 《红灯照》刘长瑜饰演田小雁

中母子比武的那场，比武与教习中的情意都埋在其中，而且在最后的开打中，小雁运用了这个动作，有效挣脱了敌人的桎梏，并打击了敌人。这个细节的呼应与强化对于人物的塑造起到了很重要的作用。两辈人之间无形的继承，"革命者"前仆后继的精神传承也因这些动作、表演的设置得到实际的传达。

在"砍坛"中，小雁与林黑娘的分歧大爆发，小雁认定林黑娘接下官府"大令"，与官府无仇，她愤而准备与林决裂，要"另找刀，另找旗，另找坛口报仇去"，这段念白加上扔刀、辞坛的一系列动作，把一个满腔仇恨但又尚不成熟的"红灯照战士"的形象表现了出来。而与她相对照的正是林黑娘的沉着冷静，主要通过一段【反二黄】很好地表达出来，林黑娘选择了更机智更有效的战斗方式方法，田小雁也最终懂得和理解了长者的做法。这里尤其要说一下的是人物的念白。这出戏按照京剧的规律，尽量给每个角色预留展示的地方。林黑娘自不必说，唱、念、做、打无不精心安排，小雁等角色也得到淋漓尽致的发挥。

《红灯照》反映的是近代故事，因此在排练之初就为念白定好了基调：在台词的念白上，既不是纯照搬原来的只念韵白，让人感觉拿腔拿调，也不完全是京白，而是以京白为主、糅合普通话的做法，整体感觉更接近于生活又不失京剧特点，当然，念白的节奏、语速、咬字等各方面的讲究并不因此而有一点儿放松，更加强调人物的语气、语调与情感表达，以及挖掘其中蕴含的丰富潜台词。

"砍坛"时有一段田小雁误会林黑娘的念白，处理起来就很有讲究和特点，至今印象深刻。当时李紫贵导演还专就这段处理写成心得："看来，您跟官府没有仇（后三字重读），可我小雁跟官府却有恨，我忘不了我爹受的这些罪（后一字更快），更忘记不了（顿）我娘是怎——么——死——的"，接着用暴雨般的节奏一口气念出"这令您愿听，您听，小雁我不能听！我要另找刀，另找旗，别找坛口报仇去（后三字是有节奏地一个字一个字地喷出来的，这样既发挥京剧念白节奏强的特点，也较准确鲜明地表现了田小雁的深仇大恨，同时引出音乐，使用念白和音乐形成有机的联系）！"

紧接"砍坛"后就是"审奸",其实是相互映衬的,一内一外,两次解决矛盾。这场审卞宗当时演出非常精彩,张春华先生扮演叛徒表演出的那个嘴脸、那个姿态、那个高矮相真是绝了。"你这小丫头,你能玩得过我?"剧中他那个变化,简直别提多精彩了。此时的田小雁已从一名普通的小兵,成长为代替林黑娘统领作战的指挥官,她面临的形势极为复杂:一方面自己依靠的主将林黑娘下落不明;一方面敌人就在内部,百般诱骗;而战士们正如她自己之前一样,情绪激动,报仇心切。在这危急关头,田小雁以林黑娘为榜样,步步为营,反复盘问,最终揭穿叛徒真面目,挽救了危局。这场戏演起来很吃功,剧情设置险象环生,心理较量剑拔弩张,演员演起来很过瘾,而观众看起来也特别有味。因为这出戏,刘长瑜与张春华同台对戏,是又一次难得的学习机会,先生对于节奏感的把握炉火纯青,他的白口脆快,说不出的好。

因为演得太精彩了,春华老师后来竟然被换了,换人后就远远不如他了。其实艺术的事情就应该水涨船高,而不要水落石出。春华先生演叛徒演得好,演得越精彩,才能更加显出正面人物的高大。你狐狸狡猾,我猎人比狐狸更聪明,更有智慧,那不是更好嘛,所以以前也有一些保守思想。而那些不正确的艺术观,其实是阻碍了艺术发展的。这些事情刘长瑜经历了,主观思想上也意识到正确艺术观的重要性。所以后来,她总是希望年轻人不要让老先生休息,尽量让那些成熟的、有经验的、还能演得动的先生们带着演。

《红灯照》全剧很有史诗风格。最后演到了林黑娘的壮烈牺牲,但这部剧并不是旨在反映农民起义失败的大悲剧。林黑娘的重任由田小雁来接替,革命大旗由新一代来扛,当林把标志性的血巾与杀敌宝刀留给田小雁的时候,小雁以一段铁骨铮铮的誓言表达了决心:"我一定不负重托,杀出重围,插旗播火,重建神团!一代不成接二代,十年不成五十年!誓将那清廷洋寇全扫尽,换一个明朗朗新地新天!"这一段誓词慷慨激昂,令人振奋,念起来也很讲究节奏韵律,是内容与形式都经过精心琢磨的一段神来之笔。

:: 《红灯照》刘长瑜饰演田小雁、寇春华饰演卞宗

:: 《红灯照》左起萧润增饰演老汉、刘长瑜饰演田小雁、杨秋玲饰演大师姐

:: 《红灯照》刘长瑜饰演田小雁、寇春华饰演卞宗

:: 《红灯照》左起萧润增饰演老汉、刘长瑜饰演田小雁、杨秋玲饰演大师姐

第二章·演艺

京剧本来唱、念、做、打，样样讲究，剧院恢复演出历史剧，对于京剧手段也是充分利用和发挥，林黑娘与田小雁各有侧重，杨秋玲令人叹服，卞宗极具个性，张春华先生行当与个人艺术魅力极尽发挥，而老炮手和田福宽虽同为老生，也有念、做侧重之不同，至于其他英雄的群像也都因剧情展开各有设置，如"壮别"一场看到以林黑娘为中心，在她选定"断后"人选时，这些英雄人物一个一个以不同的形式与她"对戏"，"壮别"戏如其名，很是豪迈感人。

至于群场的"跑灯"以及正面的开打战斗，这些都是在京剧艺术程式的基础上进行的推陈出新。"跑灯"群场舞蹈由一群手托红灯的女战士组成，队形变化丰富，形体矫若游龙，而战士们弯弓举刀的操练场面成为全剧的一个亮点。

这出戏全剧组的同志是在各级组织的领导下排出来的。这部戏在很短的时间内突破了禁锢，向着京剧创作本身应当遵循的规律靠拢，创作团队在艺术追求上很快达到一致，齐

:: 《红灯照》跑灯

心协力,完成剧作的排演,也完成了一部剧作风格的构建。编剧吕瑞明、阎肃先生水平很高,又有李紫贵先生坐阵导演,全剧贯彻落实"古为今用""推陈出新"的创作方针,批判性地继承京剧传统手法,很快获得了艺术成效。《红灯照》是粉碎"四人帮"之后,剧院在党的领导下,在促进艺术生产的热潮中,大家挽起袖子,甩开膀子,文艺工作得到解放后的建设成果。剧院在较短的时间里排出了《蝶恋花》与《红灯照》两个剧目,前者是现代戏,于"七一"建党纪念日演出,后者是历史剧,在"九九"全国人民纪念伟大领袖和导师毛主席逝世一周年的时候上演。1977的10月6日,举国欢庆期间,中央领导观看了《红灯照》,并在演出中间休息时亲切接见了部分演员和主创同志,大家群情昂扬,回团以后更是继续深入探讨了这个剧目的艺术得失。

《红灯照》之后,部分优秀传统剧目也在逐渐恢复,按照个人发展条件,刘长瑜也恢复了传统戏以及新编历史剧的演出,继《春草闯堂》之后,《卖水》《辛安驿》《秋江》《拾玉镯》这些戏也跟着恢复演出。

:: 《红灯照》刘长瑜饰演田小雁

《卖水》
回雪舞萦盈

1960年，文化部在北京举办了戏曲演员讲习班，其中有山西蒲州梆子的名角王秀兰老师在讲习班示范演出了《火焰驹》中的《卖水》一折，当时学校的谢锐青老师也在这个讲习班，她先学了这个戏，并把这戏教给了刘长瑜，后来史若虚校长和剧团的领导根据刘长瑜的个人条件进行了移植改编。《卖水》是一个很吃功的折子戏，这个戏可以算是刘长瑜的"成名作"！

排演《卖水》时刘长瑜已经结束戏校学业，留在学校的实验剧团。史校长和戏校的著名琴师黄金陆先生以及剧团的业务人员杨赫先生一起，一夜之间改定剧本，在京剧本的基础上设计了富有京剧特色的板式唱腔，大家用了不到5天时间，就实现了彩排和公演，一时轰动。这个戏严格来说是刘长瑜在戏校毕业后留在实验剧团时首演的一个剧目，后来在70年代末期进行了恢复演出。

《卖水》剧情简单明了，公子和小姐的戏并不多，主要是花旦梅英的戏，刘长瑜从学校毕业进入实验剧团时接的这个戏，首演也很成功，但所谓的"成名作"的演出也有一个不断领会与深入的过程。这个小丫鬟区别于《春草闯堂》中的春草，也不同于《桃花村》中的春兰以及《红娘》中的红娘，因此表演路数都不能生搬硬套，必须调动京剧花旦艺术的各种语汇来表现"这一个"梅英，人物才能立起来，《卖水》这出戏才具有别的剧目所不能替代的独到艺术特色，而从京剧艺术的发展来讲，只有突破原有的水平线，演出新的表演艺术才会让剧目获得生命力。

梅英这个小姑娘古灵精怪，最大的特点还在于小，她的年纪最小，不识愁滋味，尤其

《卖水》刘长瑜饰演梅英

活泼乐观。因此在她的行为举止上，一个"动"字最要紧（当然也不是乱动），比起别的丫鬟来动作也更大胆跳脱：在花园中小姐正触景生情、满怀愁绪时，梅英有好几个耍腕子的动作，扭步向前，还故意以肩膀轻轻地撞小姐，十分淘气，那样子好像在说，得了得了，我的小姐，别发愁啦！在"表花"中为表现伏天之热，冬天之冷，她还有抖动双肩、快速扇风和抱紧双臂、故意哆嗦的表演，这样相对夸张"出圈"的表演在别的丫鬟身上也很难寻到，而这个小丫鬟做起这类小动作来却比比皆是，处处透露出那股子顽皮劲儿。花旦有花旦的路数，当然梅英像春草、红娘那样有正义感，也像春兰那样机智灵活，但最重要的是她比她们更要多几分俏皮劲儿，因此在她给小姐报花名时，在某些地方可以有这些顽皮滑稽的动作，而且节奏比较跳跃快速，有时候脚底下真是如同蹬了车轱辘似的。

  这个戏不长，载歌载舞，特别要求手、眼、身、法、步各方面基本功，35分钟左右的表演很吃功也很过瘾，作为演员，这出戏给了你充分展示手段的空间。刘长瑜移植学习时并不是完全套用原有的花旦路数，在原有行当程式的基础上，尽量糅进一些谐趣活泼的舞蹈技术，加上耸肩、耍腕等特有的女性动作，剧目更是看点频频，很吸引观众。刘长瑜本人兴趣爱好广泛，其中有一项就是舞蹈，在学校就开过音乐课，她也学过民族舞，后来还学过交谊舞、恰恰、拉丁舞，这些舞蹈都不白学，运用在表演上更加得心应手。比如，《卖水》就借鉴了蒙古舞。只有身段考究，舞姿优美，加上唱、念、做等方面过关，清新有趣又俏皮可爱的小梅英形象才好看。

  学这个戏首先过"表花"关。"表花"是中国古典戏曲中常见的重点表演场景，这个场景的设置从故事内容逻辑来看，既符合丫鬟为小姐排遣内心忧闷的情境，也符合京剧表演艺术为演员表演留白的安排，而与之相配的唱腔也做了突破性的尝试，既符合人物的年龄、性格，又有京剧的韵味和特色。此处"表花"的情境设置是丫鬟梅英暗中撮合小姐黄桂英与李彦贵的婚事，特意约黄桂英在花园赏花，以等待李彦贵卖水经过，促成相会商议，

∷ 《卖水》刘长瑜饰演梅英

《卖水》刘长瑜饰演梅英

"表花"即是等待过程中所唱所念所演，目的就是拖住小姐。唱段虽然很长，因为唱念结合，又加上载歌载舞，可以说是百看不厌。梅英报花名是假，延时是真，所以这段既唱且舞的安排也很有意趣，与生活中拖时间等人一样真实而生动，富有戏剧性，可以说观众看《卖水》很大一部分就是冲着"表花"去的。

这段"表花"一共要报12个月的花名，从迎春、杏花、桃花、梨花、牡丹、石榴花、荷花、桂花、菊花、松柏等花木的形容描述中配合不同的舞蹈身段表演，12样花名，12种舞蹈身段动作，没有重复雷同，黄家小姐配合丫鬟梅英完成系列表演。小姐与丫鬟的配合舞台与身段造型在很多剧种、很多剧目里都有，像咱们最熟悉的昆曲《牡丹亭·游园》，两者的配合极讲究，动静相随，高低以就，表演构图极富中国美学特征。当然，《游园》以小姐杜丽娘为主，丫鬟为配角，而《卖水》则是以丫鬟梅英为主，小姐为配角，戏主要集中在梅英的身上。在这段占时约半的"表花"中，可供表演的道具很多：首先是手绢，手绢不离手，"手绢花"虎虎生风；再者是扇子，耍扇穗、耍扇花配套表演，更加繁复灵动，全部的编排保留了蒲剧载歌载舞的表演特长，将歌、舞合并，再配以扇子、手绢的表演技巧，更是活灵活现地刻画出天真机灵的小丫鬟梅英这一可爱的艺术形象。

古人形容女子舞蹈之美常用"翩若惊鸿，婉若游龙"八个字来形容，其内在要求与法则用在梅英这儿也很合适。花旦大都扮演很年轻的少女，这类角色本身从体态到性格上都是青春洋溢，娇巧俏丽，天真活泼又不失健康活力，因为表演身段既活又美，既娇俏且矫健，是健康与柔美的统一。当然，说起

:: 《卖水》刘长瑜饰演梅英

来很容易，做起来其实很难，梅英与小姐的身姿配合，尤其是梅英自身表演的力度、节奏的把控直接关系到表演的效果，过柔则浮，过刚则滞，恰到好处才算圆满。尤其是"表花"本身动作性、表演性很强，用功不到，演起来没劲，用功过猛又容易满台乱晃，繁乱不堪。表演要求在两人的配合间恰到好处地把控起落、动静、行止、徐疾、抑扬，既表现出鲜明的节奏感，又有行云流水般的浑然天成。这种把控就需要不断的学习，需要严格的训练、扎实的功夫，需要日积月累的锻炼和舞台实践，需要不断琢磨与总结才能至真至善，达到从容圆熟。

梅英是一个性格开朗、心地善良的小丫鬟，她在舞台上是"闲"不下来的，她的"舞"既有舞蹈的意思，也有舞台身段表演的含义，是一种戏曲化的舞蹈表演，其内核要义讲究夸张、明快、俏皮。配合"表花"演唱的身段动作舞蹈是《卖水》的一个看点，也是难点。如果要粗粗划分的话，刘长瑜认为可以以乐句为单位，每一个乐句，或者说唱腔，就有一个或一段对应的身段舞蹈动作。表演首先第一条自然是要规范，摇头晃脑、缩肩塌背自然不好看，全身动作要协调好看，尤其腰里的劲头，腰功要到位，每个动作、身段学会了以后，与演唱、表情等配合起来又是一个完整的要求。总之此处的表演与昆曲的表演要求是一致的，歌、舞、表并重，独特的唱腔、灵动的表情、优美的动作处处精心，才能把梅英活灵活现地展现在观众面前。

"表花"的每一个动作配合都需要讲究，再看看她的其余行动中也不乏很有意思的表演。"此处花儿赏遍，再上高楼把景观"的过程中，随着"场地"的变化，有一段急迫又出彩的表演。小姐登楼之后，梅英记挂卖水之人，因而此处有一段出门寻人再回来赶上小姐的表演：在小姐登楼音乐过门中，梅英悄悄转身，偷偷看小姐、望门、掀门帘、迈步出园、跑"圆场"，四下观望、寻人，踮足眺望，不见卖水之人，因担心小姐责怪，又慌慌地跳回园内，关门、整容、上楼，最后因急切忙乱而滑倒，一个"屁股座子"，又在小锣伴奏中抖肩站起身，结果罗裙被挂住，梅英娇嗔一眼，拉起裙裾，掸掉泥尘，急忙忙去见小姐，一系列表演都是以优美的戏曲身段动作表演让观众清晰地看出她身处的规定情景，在她一系列行云流水的表演中看到这个底层丫头虽有几分毛躁，但更多的是感受到她的热情与善良。小姑娘的乐观积极与小姐的被动消极，她的活泼可爱与小姐的端肃忧郁形成鲜明的映衬，却又能相得益彰，各美其美。要演好一出戏，一个片段，一定要在唱好、念好的基础上照顾到繁难的动作表演，神情要到位，身段要优美，总之就是唱、念、做、舞，样样精致，样样到位才行。

"表花"载歌载舞，再说一下"歌"，这一段的唱腔设计完全配合剧情，"行行走，走行行"开始到最后，总共60余句，这样规模的唱在京剧中原本少见。唱腔由【南梆子】起，从"行行走"到"蔷薇开花朵朵香"为第一个节奏；第二个节奏为【西皮流水板】，由"五月五正端阳，石榴花开红满堂"唱到十一腊月"陈杏元和番边关外，雪里冻出蜡梅花儿开"，这一段从第一节奏的【南梆子】转入【垛板】又转【流水】，顺畅而流利，叙事性很强；第三个层次为【流水】夹【数板】，由"十一腊月没有花儿采"到最后。整体节奏由缓趋急，渐至明快活泼。刚开始的【南梆子】相比于传统唱法更加紧凑一些，没有太多太长的过门，唱也不长；后面的【西皮流水】在演唱过程中常有行弦，和花梆子、唱念相间，节奏自然不拖，而紧接其后的几个【流水板】也是一个比一个紧，节奏跟着人物焦灼的心情一层一层催上去；【数板】配上音乐更是烘托了人物心绪，音乐感很强。整段唱腔有快有慢、有张有弛、有刚有柔、有强有弱，诸多唱功技巧融为一体，变化多端，极其优美动听。

《卖水》以清新活泼的笔触，着力刻画出梅英这个聪明伶俐的、富有正义感的女奴形象，抨击了封建社会的腐朽落后的门第观念，今天看来仍然具有较为深刻的人民性。这戏在原京剧传统剧目中并没有，1960年学校看了著名蒲剧演员王秀兰的演出后受到启发，进行了移植改编，这出戏由于吸收了地方戏曲活泼自然的生活气息，同时充分地运用了京剧的程式手段，也就成了一出思想意义深刻、艺术形式精美的新的京剧花旦戏了。在过去的京剧花旦戏中，多半以念白、表演为主，这出戏却是边唱边舞。当然以前边唱边舞的戏也是有的，如《小放牛》《小上坟》等，但唱腔的安排从头到尾都是用【吹腔】，大家考虑到观众丰富的审美要求，京剧《卖水》的音乐就采用比较复杂的【皮黄】了，而且安排了【南梆子】【垛板】【散板】【数板】等长达64句的复杂多变的板式唱腔。在程式动作方面，又糅进了蒲剧与民间舞蹈的语汇，形成了较为丰富多彩的连歌带舞的形式，这一切都是原有的花旦戏中罕见的艺术处理，所以内行观众及评论界的同志都认为，这出戏不但丰富了原有蒲剧的表现手段，而且对于京剧花旦艺术本身来说，也是一个值得肯定的革新与发展。因此要演好梅英这个人物，势必要求有扎实的基本功，手、眼、身、法、步都要十分讲究，不但眼神有变化，身段柔美流畅，腕子要灵活，步履要轻快，难度较大的"花梆子""碎步圆场""卧鱼"等动作都要做到规范自然，而且还要做到唱、念、做、舞的有机配合，节奏复杂又快慢有致，从而使之协调连贯，一气呵成。

刘长瑜总是跟学生讲，如果想跟她学习《卖水》，第一个要求一定是预先练功，尤其把"圆场"练好，唱这个戏没有很好的"圆场"功夫，简直不能想象。几十分钟的小戏，多次运用了"圆场""花梆子""退步圆场""横蹉步""竖蹉步"等身段，"表花"开始唱【南梆子】也是边唱边舞，脚底下圆场基本不停，出门寻人，节奏很快的音乐中也要求旦角脚底圆场快而溜。出园门左右寻人，也是"圆场"寻找，迅速进门、插门，还是碎步接圆场，总之，这个为表现小姑娘的热心与急切，她在貌似很小的舞台上来回奔忙，短短的距离，急速地奔跑，"圆场"就是最基本的实现方式，最后得意忘形，不小心绊倒，一个跳坐，三个耸肩，与观众俏皮一笑，才算结束。所以说，如果学戏的演员基本功不扎实，演这样轻盈俏丽的小姑娘如果气喘吁吁，趁早歇功罢演吧。

《卖水》在中和剧场首演以后，相继又在天津、上海、武汉、香港等地演出，都受到了热烈的欢迎。刘长瑜在香港演出时，这出三四十分钟的小戏，有时竟然也作为一个晚会的大轴演出。在日本大阪演出时，一开头的4句定场诗就获得了满堂彩。近70年过去了，这出戏刘长瑜还在不断地教授，全国各地不少京剧院团也在演出，这些演出都受到了观众的欢迎，可见《卖水》是有生命力的一出戏。

:: 《卖水》在香港演出，左起艾美君饰演小姐、刘长瑜饰演梅英、萧润德饰演李彦贵

《辛安驿》
安能辨雌雄

《辛安驿》是荀慧生的代表作之一,移植自河北梆子,为丰富京剧剧目做出了贡献。

《辛安驿》讲述的故事是:明代奸臣当道,周家、赵家被奸臣严嵩一党陷害,逃离京城。周家父亲郁闷而死,撇下母女二人相依为命,艰难生存。周妻与女儿周凤英逃出之后开了一间客店,杀富济贫,等待机会报仇。赵家两个女儿逃出京城,到庐山寻找哥哥,为父报仇,为行途方便,妹妹赵雁蓉女扮男装,冒充兄长赵景龙,住宿在辛安驿客栈。这一夜的巧合引发了一段妙趣横生的误会喜剧。

周凤英自幼跟随父亲学就一身武艺,她一心杀掉奸贼,立志为父报仇,装扮成男子,

:: 《辛安驿》左起寇春华饰演李氏、刘长瑜饰演周凤英、耿巧云饰演赵雁蓉、孙婉华饰演赵美蓉

《辛安驿》刘长瑜饰演周凤英

用了反串京剧行当中的架子花脸。当她看到投宿的翩翩少年"赵景龙"后，自然产生爱慕之情，其间有一段情意绵绵的【南梆子】，经一番仔细盘问，得知对方也是被陷害的忠良之后，母亲热情提亲后，中间又有一场对枪表演，当然赵小姐的功夫比不上周小姐，婚事强行定下并拜堂成亲。此时赵家真正的大公子进京，寻找两位妹妹，同宿客店。巧合的是洞房中周凤英终于发现了"新郎"小脚等女人特征，而赵兄长又巧遇周氏母女，经过厨房盘底，最后终于解开重重误会，真相大白，赵家兄妹相认，赵景龙与周凤英也喜结良缘，大伙儿共同立志为父报仇，惩恶扬善。周凤英百味杂陈，唱了一段含情脉脉的【西皮二六】。这是一出妙趣横生，反串较多的经典喜剧，也是荀先生的代表作之一。

新中国成立后的60年代，荀先生对这部戏进行了整理与改编：原来作品中的周氏母女开黑店，修改成受奸佞所害的官家眷属，整个改变了主人公的身份立场。"思春"也是这时加的，这是为了表现周凤英作为闺阁少女纯真的品性，而在"杀店"中除保留跨架子花脸行表演以外，还适当增加了身段舞蹈动作。总之，经过荀先生的整理修改，"辛安驿"的故事很完整，结构严谨，情节妙趣横生，场次灵动，包括周凤英在内的个个人物形象都很丰满，个个有戏，戏也更加有品味，因此成为荀先生的经典作品，保留了下来。

这出戏很好玩，刘长瑜在戏校时就学过。70年代末把它重新复排并不是要演成一般意义上的"玩笑戏"，荀先生的修改本已经完全脱离了那个层次，给后学者做了很好的示范。

剧中主人公周凤英性格活泼，心地善良，又武艺高超，不时强装出一点儿盗匪流气，可爱可亲至极，她爱憎分明，疾恶如仇，怎么演怎么是个好人物。刘长瑜本身很喜欢这个角色，唱、念、做、打俱全，文武兼备，对演员要求高，除各种技巧过关外，演员也要有"两门抱""几门抱"的本领，观众也很喜欢看。刘长瑜想通过自己对时代、人物的重新理解去演出心目中的周凤英。

《辛安驿》整个唱腔以【西皮】为主，包括【西皮慢板】【西皮原板】【二六】转【快板】。因为其中有花旦周凤英假扮花脸的角色，也有青衣赵雁蓉假扮小生的角色，因而唱腔有反串净行的【西皮导板】【流水】【散板】以及反串小生的【二六】【南梆子】。就说这戏一开始的"奴本是闺中女红颜绿鬓，被贼害母女们江湖飘零。辛安驿开客店扶危济困，杀贪官劫污吏剪除强人"，一段【西皮慢板】，总共 4 句唱。一上来周凤英唱的第一句按常规交代个人情况，紧接第二句就交代了整个故事的背景，也奠定了周家母女行事严峻境况，第三句又转而交代现下情况，第四句侠肝义胆表明心意。既有儿女态的旖旎，又不乏江湖态的豪侠，更不缺天下势忠奸斗争。4 句【西皮】，内容丰富，演员也要细细分析这 4 句唱，

:: 《辛安驿》 刘长瑜饰演周凤英

把这4句唱所交代的"吭咔嘛籽"一颗一颗表现出来。眼神表演更要跟着这几句唱变化,既不乏姑娘家家的羞涩迷离,又带着股初生牛犊、闯荡江湖的新鲜豪迈劲儿,既有逃出喘气的散淡,又背着血海深仇的紧绷沧桑。所以说,只要好好分析,人物就不可能是"白开水",多多研究,多多分析,心中才有"数",观众才有得可看。

不止唱腔,其中的念白也因各种反串而颇有意思:周凤英先是旦行韵白,中间改扮后是净行韵白,当再现女儿样时,又念京白。"风搅雪"时有,不拘格套,煞是清新。

"杀店"一场周凤英的反串是一个很被观众关注的亮点,前辈按架子花脸的工架动作出了一组较高难度的身段组合给周凤英,既是看点、亮点,也是难点,表演包括摸进客店的"走边":头戴红缨盔、插耳毛、戴红扎,穿红抱衣裤,背绦子,系大带,背刀,足蹬红薄底,一身武行大汉装扮,展示"走边"繁难技巧,踢腿、抬腿、吸腿、"三起三落"各种腿功不得省,"探海射雁"、翻身各种身段,抛扎撕扎等髯口功也要过关,还有花脸的工架造型配合眼神运用都要有模有样。执刀、撬门、格斗、坐桌抬腿等都是特定场合的技巧展示,这场反串不过关,这戏就不能动。前面"花脸味"越浓,后来在识得赵雁蓉(假扮)的"哥哥"十分俊雅后的突变(转回花旦)才会对比更大,效果更强烈。

:: 《辛安驿》刘长瑜饰演周凤英

刘长瑜说，《辛安驿》整场演下来，要给观众一个合格的周凤英，武的分量，难度不亚于武旦，唱腔、念白的分量，难度也不亚于青衣。总之，要演好这个戏，演员要吃苦头，有全面的功夫，又有理解人物的能力，才能很好地完成角色的塑造，配合全剧庄、谐互见的情节节奏，给观众以美的享受。

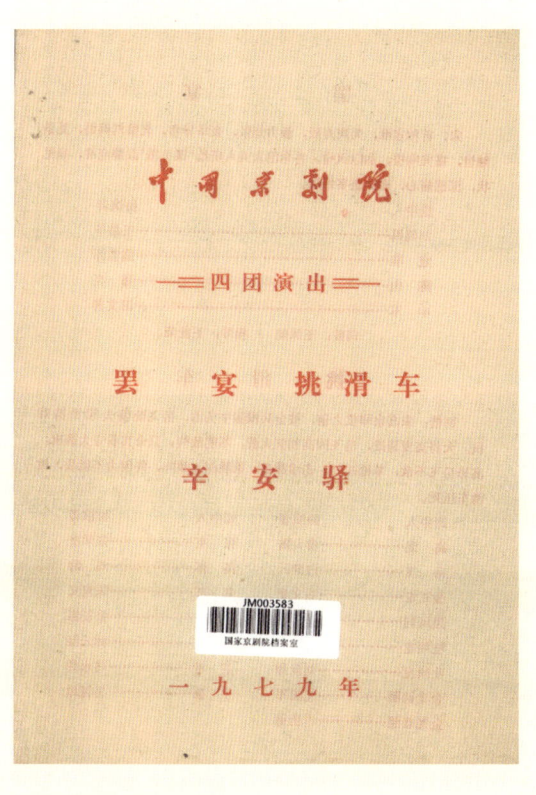

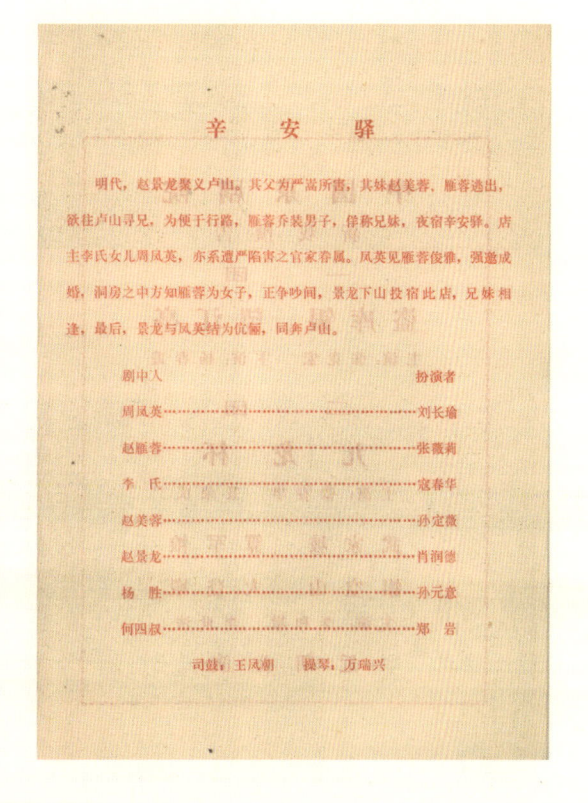

:: 《辛安驿》节目单

《辛安驿》刘长瑜饰演周凤英

∷《辛安驿》刘长瑜饰演周凤英

::《辛安驿》刘长瑜饰演周凤英

《辛安驿》刘长瑜饰演周凤英、金佩芳饰演赵美蓉

《辛安驿》刘长瑜饰演周凤英、耿巧云饰演赵雁蓉

:: 《辛安驿》金佩芳饰演赵美蓉、刘长瑜饰演周凤英

∷《辛安驿》剧照

::《辛安驿》刘长瑜饰演周凤英、寇春华饰演李氏

《拾玉镯》
清水出芙蓉

20世纪80年代初，刘长瑜在白继云的帮助下开始陆续整理一些经典剧目，《拾玉镯》是其中的一出。

《拾玉镯》很多旦角都学过，更不用说花旦了，刘长瑜再演出时主要是根据个人理解做了一些修改探索：把一出无根无据的一见钟情，往田园诗篇和抒情散文式的古代青年男女相互爱慕结合的小故事方向靠拢。这个小戏的开篇采用的是民族民间的弹拨音乐旋律、变奏传统的曲牌，烘托田园丁香花开时少女玉姣喂鸡、赶鸡的田园村舍意境，以及陶醉于春风送来的花香之中而抒发出的少女心情，探索本追求的首先在于意境、情境。

相应地，刘长瑜演出该剧时在剧情上也做了一些别样的改动：将男青年傅朋对玉姣的一见倾心丢下玉镯，而玉姣拾起玉镯便定终身的轻浮做法，改为苦读经书的傅朋不慎将经书落地，砸伤玉姣家的雏鸡，玉姣嗔怪傅朋，傅朋惶惶不安，想要效法曹操马踏青苗赔偿青苗的做法赔偿玉姣家的雏鸡，玉姣见傅朋通情达理，反而不要他赔偿，于是两个人产生爱意，以玉镯为定情之物，暗地表明心迹。在对剧情做了一些必要交代与敷陈后，更加用心地设计了新的音乐，以及新的唱腔、表演等，试图用一个个"有意味"的形式生动表达主人公的情绪情感。经典的表演当然要保留，与此同时也希望观众在观看表演时能从更多的角度得到艺术享受，其实也就是在传统戏的基础上，顺应观众的审美要求，赋予古典艺术以现代美。刘长瑜修改的步子迈得并不是很大，只是一点一点地积累，把自己的表演轨迹全程合理化，从而也让观众在演员的引领下完成一个有始有终的、流畅的欣赏过程。

∷《拾玉镯》刘长瑜饰演孙玉姣

:: 《拾玉镯》刘长瑜饰演孙玉姣、叶少兰饰演傅朋

:: 《拾玉镯》刘长瑜饰演孙玉姣、寇春华饰演刘妈妈

:: 《拾玉镯》刘长瑜饰演孙玉姣、夏永泉饰演傅朋

:: 《拾玉镯》左起寇春华饰演刘妈妈、刘长瑜饰演孙玉姣、夏永泉饰演傅朋

::《拾玉镯》刘长瑜饰演孙玉姣

《红楼二尤》
荀家悼双姝

京剧《红楼二尤》是荀慧生先生根据文学名著《红楼梦》六十四回至六十九回编写的京剧，从1925年起先生就有心把尤氏姐妹的动人故事搬上京剧舞台，经过六七年的酝酿与深思熟虑之后，终于于1932年3月11日在北京哈尔飞剧场首演，京城内外，轰动一时，《红楼二尤》被赞誉为荀先生的六大悲剧之一。

1958年，刘长瑜跟荀慧生先生学习了《红楼二尤》，学了以后演尤三姐。要说那时的学演，就是描红模子，不是在演尤三姐，而是在学老师，演老师，因此也受到了荀先生的批评。后来经荀令香老师的再加工，荀慧生先生才觉得演得有了进步，给予了肯定。

:: 《红楼二尤》刘长瑜饰演尤三姐

20世纪50年代刘长瑜分到中国京剧院四团后，一直也没演过这个戏，直到70年代末创作欲望高涨，才把这出戏拿出来复排。1979年，刘长瑜在恢复了《春草闯堂》《卖水》《辛安驿》《秋江》《拾玉镯》后，1981年前后如愿以偿地恢复了《红楼二尤》。

刘长瑜原来跟荀先生学这个戏，只演了尤三姐，恢复演出时就考虑一人分饰两角，既演尤三姐，也演尤二姐。刘长瑜认真阅读《红楼梦》原著有关尤氏二姐妹章回，然后跟剧本对照,觉得三姐是一碗香喷喷的羊肉,一支带刺的玫瑰花,二姐则是委曲求全、懦弱无能的角色,在字里行间,她仔细揣摩人物基调,觉得她们都有很多戏可做。于是在荀先生的演出本的基础上,她组了个小班子开始整理复排。

夏永泉是刘长瑜的好搭档,一直同台合作,他的文学功底又很好,有创作能力,大家常常在一起讨论,一起创作,《红楼二尤》的剧本整理改编就由夏永泉担纲。荀慧生先生的演出本在情节结构、人物塑造,尤其是唱念等的安排上都提供了很好的基础,整理改编本当然是在荀先生的演出本的基础上进行的,整理也无非是围绕"加""减"二字进行。

首先说这个"减"字,主要是剪除多余的一些枝蔓环节。比如,饮酒那场戏,尤老娘在台上意义不大,就做了删减,把主戏都集中在尤三姐身上;再比如秋桐的形象,也根据实际演员与新的观众情形进行了删改。原来的秋桐是彩旦应工,满台逗哏,人物倒是很出挑,但与所追求的尤二姐的悲剧命运氛围营造相去较远,所以就删减了一些妻妾争房的情节,把秋桐这个角色改成俊扮,由泼辣旦来应工,既表现这个角色的狠毒,也表现出她的麻木与愚昧,表达出在封建礼教压迫下妇女的思想灵魂被扭曲和被戕害。

"加"字主要体现在主要人物尤三姐和尤二姐身上。关于尤三姐,主要是加强了她与柳湘莲的爱情线,从她对柳湘莲的爱慕中体现出她的美好品质。开场由庆贺生辰增加了"逃席",尤三姐与柳湘莲因同样受不了豪门酒宴的污浊而退席,从而在花园相遇,互生爱慕,这处增加的情节即是意在通过两位年轻人的偶遇显出其共同的

:: 《红楼二尤》刘长瑜饰演尤三姐、夏永泉饰演柳湘莲

精神境界，从而体现出三姐的品质。再比如，贾琏把柳湘莲的鸳鸯剑带回来，作为聘物送给尤三姐，尤三姐见到后心潮澎湃，原来的处理是一害羞就无言下场了，这时候应该展示尤三姐如愿以偿的心潮澎湃的少女心情，哪怕就一点儿小小的展示也能起到很大的作用。这个地方原来加了8句，后来又觉得加得过多，于是又进行了删减，变成大家看到的四句【南梆子】"鸳鸯剑泛银光柔情流淌，抚宝剑羞答答如伴柳郎，只说是心中花永不开放，多情人洒甘露骤现芬芳"，以这4句来表现尤三姐在接到心爱之人的聘礼后的心潮澎湃的感情抒发。这段【南梆子】是三姐抚剑静场独唱，这种增加既是想体现三姐坠入情网时对心上人的无限眷恋与爱慕，是热恋少女的幸福心曲的表露，也是为后面的拔剑自刎埋好伏笔，可谓是一石二鸟。

关于尤三姐拔出鸳鸯剑自刎的情节，是这个角色刚烈个性的爆发性表现。这个关键的情景原来有一段两人之间比较简单的对话，就是尤三姐在欣赏意中人送来的订婚聘物，听说退婚，就冲进来说："柳郎你说的话我都听明白了，你不要冤枉好人。"在整理改编的过程中，改成了二人之间的有来有往，两人都有念白。因为考虑尤三姐满腔热情，希望嫁

:: 《红楼二尤》刘长瑜饰演尤三姐

第二章·演艺　165

给柳湘莲，她说过如果嫁不到他，情愿削发为尼，既然她有这样强烈的愿望，那么剧本处理就还有空间，可以进一步挖掘。"我虽久居荣宁，却还是清白之身"；"清者入浊，何言清白"；"清者自清，浊者自浊，难道你这些都不知道吗？"荣、宁二府是污浊的、乌七八糟的，但尤三姐我是自清的。经过思考，在尤三姐和柳湘莲之间加了这些辩驳，是为了强化尤二姐的人物性格，最后劝君再三思，再考虑，在被很坚决地拒绝之后，浑身是口也难辩的情况下，人物内心是真的绝望了。这也是荀慧生先生原来的唱词，所以用死表明她的心思，以死证明她的清白。所以说剧本是根据原著和对人物、主题的感悟进行了一些加工的。

尤二姐也是在前人的基础上做了一些小的改动。王熙凤要回九龙玉佩，冷嘲热讽地说："我心爱的东西要是蹭上脏东西，我就把它扔了。"这话说得多恶劣、多狠。此时，尤二姐唯一可依靠的人贾琏竟然拂袖而去，而秋桐又逼了上来，更是恶语相加："你呀就不该来，你是许配张华了，你在这儿一辈子别想得好。"这时的尤二姐已经是悔恨交加，此时此刻应该有一些绝望内心的描写，所以刘长瑜又在此加了一段【反二黄】的"似漏舟"，形式上则是从念到入唱："进无路退无门前程无望，似漏舟飘摇在大海汪洋"，那就是绝境中一只漏水的小船，在大海中颠沛流离，也自然回想起我原来怎么怎么样。最后王熙凤指使秋桐借"洗一洗"害死了尤二姐唯一期盼的儿子后，尤二姐出现了幻觉，认为儿子又活了，在精神近于崩溃时又被逼喝药酒，此时正是进无路、退无门，最后的那一线希望也被泯灭，她彻底绝望了。所以刘长瑜定义的是尤二姐是这样懦弱，而她懦弱的原因是什么？就是荀先生说的，要知道前500年后500年的事情。尤二姐、尤三姐跟尤大姐不是同母生，是尤老娘带着这两个女儿嫁到了尤家，跟尤大姐没有血缘关系，如果尤二姐、尤三姐死了，老娘更受委屈，她嫁贾琏是唯一希望，以为母女有靠。可是这时候儿子死了，她又被逼喝药酒，她还有老娘呢，她牵挂的老娘怎么办？所以她还是放不下，在这种情况下才加了两句【散板】"委曲求全难活命，不如一死了残生"，然后跪下："母亲娘啊，恕女儿不孝之罪！"因为我走了以后，你的两个亲生女儿就都走了，将来只有依靠尤大姐了，她不是你的亲生孩子，可是我到如今也没有退路了，我只有死路一条了，所以我尤二姐由衷向母亲拜别的一段不唱不行，唱到"三妹呀，三妹且把为姐等"之后【扫头】，毅然决然端了药酒一饮而尽。

相应地，在表演上刘长瑜也根据自己的理解划分出若干层次，梳理出表演的线索。尤二姐是个身落陷阱、无力自拔的悲剧人物，她自身的懦弱与随波逐流决定了她最终的命运走向，她虽本性善良，奈何在污浊之世并无存身之地，她的无争与隐忍救不了自己。这个形象在表演上一定要有层次：儿子刚刚生下就被王熙凤和秋桐合伙害死之后，应该是痛苦到极致而变得近乎麻木的，就如此前所说的有过的生活体验一样，人们在病房外听到亲人去世，也许刚开始并不会有过激反应，得过一阵明白过来才会猛地爆发出痛彻心扉的体会。所以，孩子死了以后，刘长瑜给尤二姐的表演定位是：刚听到消息的表现是近乎麻木的，眼神尽量收敛，目光呆滞不动，然后过渡到迷离恍惚，不知身处何时何处的茫然，之后稍一停顿，似乎是醒过神来，明白儿子死了这个事实，又正看到一干杀子仇人就在跟前，于是尤二姐此时的眼神运用就成了点睛之笔了，面对王熙凤与秋桐等害死儿子的凶手，尤二姐眼里要射出仇恨的火花。她的儿子已经死了，她的心肝刚落地就没了，作为母亲，她的灵魂颤抖，步履蹒跚，她满腔痛苦与仇恨，精神临近崩溃，她想要挣扎，想要反抗，想要复仇，想要毁天灭地，但这层表演过后，她终归只是柔弱的尤二姐，她又回到现实，

:: 《红楼二尤》刘长瑜饰演尤二姐

虎狼环伺，她孤身一人，在吃人的贾府里，她势单力薄，她敢怒不敢言，不能爆发！不敢爆发，所以说，人物的表演力度也都是随时跟着人物的这些心思一层层表达出来的。

有关于亲人遇害的情境，刘长瑜在好些剧目里都遇到过，处理的方式既有相同又有不同。比如，她在新编的近代历史剧《红灯照》中饰演过田小雁这个角色，这个小姑娘在剧中也有与母亲死别一场，这时当然不能就是用传统戏的一个"瞪眼"，加上一"喂呀"的哭头就结了。这时的田小雁本来是个性格内向的人，又备受压抑，这时母亲死了，她首先是呆滞的，然后无助地缓缓抬头，仰望老天。此时小雁身处失亲的恐惧、迷惘与不相信之中，她也许尚未反应过来："天啊，母亲去了？"等缓过来，清醒地意识到这个事实时，她才以一个大幅度的身段动作扑过去，埋首母亲身上，这个调度的完成让观众跟着她的表演，明白孩子已经失去母亲，她的悲恸欲绝也因此得到淋漓尽致的表达。其实这种表达，跟《红灯记》里的铁梅痛失奶奶也是一样的，铁梅回到家，没见到最能依靠的亲人，心里念潜台词"奶奶不在"，想起奶奶在家时的情景，又想起奶奶不在，之后爆发出撕心裂肺的对亲人的呼喊。通过一次次的实践，刘长瑜在人物情感的把握上也算是有了一些自己的心得体会，并琢磨了一些相应的表达手段吧。

尤二姐的表演在儿子之死这件事情上有丰富的层次，而紧接着被逼服药又有另外的表

:: 《红楼二尤》刘长瑜饰演尤二姐

演层次。当尤二姐还没从失子的痛苦中挣扎出来的时候，王熙凤已经命秋桐端来药酒，送至她面前，这时的尤二姐别说为子报仇，自己竟已身临悬崖万丈，表演上安排的是让她本能地急速后退回避，生死关头，配合极紧的锣鼓经，充分发挥水袖的表演功能，命悬一线的危急时刻，以水袖翻飞来表现尤二姐内心的惶惧与绝望，怎么表演都不算过分了，最妙的是水袖要到最后突然间又双袖高举，猛地顿住，陡然跌落，仿佛全身失力，提线木偶般失了魂灵。都说技为艺、为人、为情所用，为情所化，这些激烈的水袖手段、程式运用，事实上都是人物的内心在表演上的具象化与生动化，京剧、戏曲的技法之美就在这些地方得到恰当的集中体现，用的是地儿，完全可以用足、用好，之前的激烈是表现她的内心愤恨，后面的失力又表现出她的无可奈何与无法与命运抗争的悲哀。恰当的神情、身段表演再配合之前说到的【二黄慢板】"鸳鸯剑断送了手足性命"到【二黄原板】"贤姐姐怎知我心头悔恨"等唱段，从唱、念、做、舞上全方位、立体化地表现出尤二姐被逼至死的整个过程，人物也就呼之欲出了。

当然，在这里还要提一个辩证的问题，就是任何京剧剧目的人物都要有行当，有技巧，没有这些也就没有了京剧，但也要看到行当、技巧、流派要巧妙化用，先生们讲的"米"与"酒"的关系是通用法则。刘长瑜是演花旦的，也学过荀先生，《红楼二尤》也是得过荀先生指导的，在保留流派、行当的同时，她在演尤三姐和尤二姐时都还是向生活进行了学习，人物的真实感也是要演出来的，恰到好处地运用那些经过严格训练的、具有高度美感的程式，并加以化用，向真实的人物靠拢，从人物本身出发去运用和突破，只会让你扮演的人物更加有质感，更融入真实生活，更能为观众所接受。如果一定要做个比较，那么说尤三姐花旦应工，本身爽利活泼些，刘长瑜要演得真实，自然借鉴的东西更多些，而以闺门旦应工的尤二姐要演得更有真实感的话，就更加需要内心充实、情感饱满了，最后她的惨死就是一个挑战，无论从技术层面还是情感层面，泪痕满面又感人至深的效果是必须要达到的。

从上述人物的表演、情感的抒发等诸多问题出发，还有一个表演尺度的把握问题。刘长瑜之前在很多次的讲课或交流中都说过她演《红灯记》时曾发生过的一个现象，那时接到这样一个重大的任务，出演这么重要的角色，当然是拼出全力地想演好，甚至有段时间就沉浸在铁梅的悲伤世界中不能自拔，晚上都睡不了，可是撕心裂肺地歇斯底里其实并不能真正掌控人物，人物表现的"自然"与"自然主义"其实完全不能画等号。

这段经历或者说经验总结于演员而言是宝贵的，在《红楼二尤》中也面临着同样的问题，尤二姐的死很悲惨，令人唏嘘，催人泪下，演员也感同身受，但同时演员在真实地表达这种感情的同时还要驾驭它，要能以艺术的美的法则来表现它，不是一味地哭，一味地悲伤就够了。而尤三姐性格的核心是刚，是烈，有很强的反抗性，但也不是一味地泼辣和跋扈，她对不同的人物有不同的处理方式，在不同的人物关系中有不同的表达：对姐姐是哀其不幸又怒其不争，是既心疼又无奈，对姐夫是以合适的距离有礼有节，对贾珍之流是极端地厌恶与鄙憎，而对柳湘莲则是由衷地爱慕。她的刚与烈更多地表现在对极恶与极爱之人的态度中，比如，她面对贾珍，在劝酒喝酒筵席一场就将憎恶之烈表现得淋漓尽致，即使明知可能摆脱不了，在闹筵之后将这些丑恶之人通通赶走，紧闭门户之后也不可抑制地表现出愤慨与无力的悲伤，但在筵上所作所为已经将其刚烈之性充分发挥出来。在柳湘莲请贾琏代还宝剑之后，三姐为表"出淤泥而不染"之心更是拔剑自刎，以命相告，所以说三姐是刚烈女子，而刘长瑜将她的刚烈表现集中发挥在其极憎极恶、极爱极慕之人的面前，而她与其他人的关系处理中这核心的刚烈之性是要有所收敛，酌情处理的。所以刘长瑜说戏曲表演一定要附体，要准确把握每一处处理，前辈们说的节奏感依她的理解其实也表现在这些细致入微的人物表演层次中，表演也如同交响乐，层层叠叠，赏之不尽，演员演起来每次都不一样，观众看起来更不是白开水，因为演员给了他们很多可品可赏的内容。

:: 《红楼二尤》刘长瑜饰演尤三姐

对人物还有一个更高的要求，那就是要做到"象外之象"，刘长瑜理解的就是演一个人物既要演外在表现、内心情感，还有可能要演这个人物自身所有的历史感、时代感。曹雪芹写《红楼梦》用意很深，他笔下的每个人物都有着远超自身表面所有的深刻内涵，尤二姐、尤三姐也一样，她们不仅仅是个体女性生命的消逝，更是时代的牺牲品。且不说尤二姐自身性格懦弱，安于现状，最终以惨死的悲剧命运结局，就是刚烈、忠贞的尤三姐最终也免不了被轻侮被迫害的命运，她的"闹筵"何其激烈，但她闹完之后还不是悲从中来，哭命运，哭无奈，她一个人独处的号啕，既是个人无端受凌受辱的申诉，更是一个无所依靠的弱女子面对强大的贾府乃至整个封建专制束缚与绞杀的无力抗争，是无法摆脱厄运的哀鸣。所以，有了这些认识，就可以想见，表演不是那么简单的事情，堆累在人物身上的这些厚重意味如果都能认认真真地去发掘、去表现的话，怎么会平淡，怎么会没戏？荀大师说的前500年后500年应该也有这个意思吧。所以，当年刘长瑜恢复这个戏，也为这个戏做足了功课，对人物有了深刻的理解，为表达这些理解又在表演、身段、唱念做等京剧的手段上下足了功夫，那么这个戏也就没白排了。

:: 《红楼二尤》刘长瑜饰演尤二姐、张薇莉饰演王熙凤

张君秋先生作为京剧艺术表演大师是名副其实的,他留给了我们一份丰厚的精神遗产,等待我们去挖掘,去汲取,在怎样对待前人留下的宝贵遗产方面,先生也为我们做出了楷模,我从他成功的经验中领悟到一个道理:前人留下的东西太多太多了,如果只是因循守旧地去学,那是学不好的,也继承不了的,食古不化的模仿顶多只是像某些人而不是创作,那样只能在原地踏步,不进则退,怎么会有百花争艳、流派纷呈的局面呢?新的流派出现了,必然有新的贡献。我个人认为张派声腔艺术在技巧上有一个很大的贡献,那就是板式的突破。京剧的唱段是板腔体,而板腔体的调式是有着极其严格的规范的,像【原板】【慢板】【二六】等都有规范的框架,而先生的革新成就就在于根据剧中人物此时此刻的心情对板式和调式进行了新的组合。比如用【散板】【摇板】的突转【原板】就准确地表达了人物的情绪,又使观众耳目一新,在新颖别致的腔调中既受到感染又获得艺术的享受,这种全新的安排和变化,恰如"文似看山不喜平",给人一种变幻多端的效果。我在先生的启示下,把这种创作方法运用到《红楼二尤》中。当尤二姐从花枝巷被骗到荣国府以后,王熙凤对她冷嘲热讽,唯一的靠山贾琏又拂袖而去,她掩面而泣,秋桐还不依不饶地对她进行了一番刺激,为了更好地表达尤二姐痛不欲生、悔恨交加的复杂内心世界,我特意增加了一段【反二黄】,这段【反二黄】打破了常规,是从念到【散板】再转入【慢板】,【散板】的旋律又吸收了程腔,这一板式的走法,收到了很好的舞台效果,可以这样说,这种根据人物的情绪来确定板式的创作方法正是我学习张派声腔的具体运用。

说来也巧,我正沉浸在张派唱腔的痴迷中,先生正好调到我院来工作,我正好有机会请教,忐忑不安地想请教又不好启齿之际,先生主动找我了。记得那次在食堂门口,还是先生主动亲切地对我说:"长瑜呀,我发现你有个优点,希望你能保持。"我立即向先生请教。他继续说:"旦角的脸部口型很重要,一个是唱腔时的口型,一个是表演时的口型,我看你没有用嘴去表演。"先生的肯定才使我在感激之余意识到原来旦角的口型是非常重要的。虽然在学校里老师也教过不要张大嘴,但是并没有引起重视,先生说过之后,我回到家立刻对着镜子表演,果然发现自己演唱时没有张大嘴,做表情时没有翻嘴唇的不良习惯,我明白先生对我的肯定,是让我知道自己的优缺点,是优点就要自觉地去保持,如果是无意义的可能还会走歪,这是先生对我专业上的第一次指教。

——摘自《心香——回忆张君秋先生对我的教益》

(刘长瑜撰写张君秋先生逝世2周年纪念文)

:: 《红楼二尤》刘长瑜饰演尤三姐

::《红楼二尤》刘长瑜饰演尤三姐

∷《红楼二尤》张薇莉饰演王熙凤、刘长瑜饰演尤二姐

∷《红楼二尤》刘长瑜饰演尤二姐　　∷《红楼二尤》刘长瑜饰演尤三姐

:: 《红楼二尤》演出单

《金玉奴》
棒打薄情郎

《金玉奴》，也叫《鸿鸾禧》，是根据《喻世明言》中《金玉奴棒打薄情郎》改编的一出花旦戏。

金玉奴是丐帮丐头金松的独生女儿，她清纯美貌，心地善良，年方16岁，正是情窦初开的年华。当她在寒冬风雪交加之际，见到冻饿晕倒在自家门外的莫稽时，立刻心生怜悯，用豆汁救人一命。后来经由爹爹金松询问具体情况后，她和莫稽成为一家人。经过了种种艰难困苦后又帮助莫稽得中，只是金玉奴没想到自己险被这忘恩负义之人推入江中害死，幸得林大人相救并认为义女。最后莫稽为攀富贵，在不知情的情况下求娶林大人之女也就是金玉奴为妻，金玉奴洞房盘问，棒打薄情郎，毫不妥协地拒绝了复婚之议。

林大人作为玉奴的救命恩人劝慰玉奴，好好教训一番莫稽即可，建议他们复合，但玉奴对莫稽的杀身之仇难以释怀，她心里纠结，彻夜难眠，在棒打中还难以消减对莫稽的怒不可遏。她以林小姐的身份询问莫稽的婚姻状况，莫稽竟然编造谎言说前妻失足落水而死，她又趁机盘问莫稽，如若前妻得救，该当如何？以此来试探莫稽。没想到莫稽的回答竟然是，娶她为妻是权宜之计，他不可能娶一个命小福薄的要饭之人的女儿为妻，即便是她活下来，他也要一纸休书将其休弃。莫稽曾试图杀死金玉奴，然而只要他不再起杀心，玉奴也许就认可了破镜重圆，此时金玉奴的心思是：若是自己想将丈夫杀死，恐怕要落个万剐凌迟的罪名，这种反思把社会文化对女性的压抑和不公剖露得非常深刻。

男女不平等的问题今天依然存在，荀派作品表现的思想倾向放在今天依然有现实意义，所以刘长瑜常说荀派艺术100年不过时。金玉奴因林小姐的身份听到莫稽的一番"表白"，

:: 《金玉奴》刘长瑜饰演金玉奴

她才彻底释然，不再顾忌救命恩人林大人的复合之意。这段对话极好地警示了世人：子系中山狼，得志便猖狂。这个剧目主要通过金玉奴大段的念白和唱段表达出她人穷志不穷的正直，昭示着人世间真正高贵富有的就是人的善良和坚强。

原来有版本是按小说情节演绎，莫稽于危难时得救于金玉奴，得富贵后又嫌弃金玉奴，并将她推江杀害，而结尾竟然由林大人说和，金玉奴与莫稽重归于好，这个大团圆的结局很不合情理，荀慧生先生将结局做了改动，现在演出就有毅然决裂、彻底唾弃的版本。这些改动大快人心，有极好的剧场效果。

刘长瑜演出时也结合自己的理解做了一些改动。如当义父义母劝玉奴与莫稽重归于好的时候，之前的版本中有句唱词是"想当初我们夫妻何等恩爱"，她仔细琢磨了剧本，在体验角色时认为玉奴此时此刻，面对着莫稽这只中山狼，她首先想到的应该是他的忘恩负

::《金玉奴》刘长瑜饰演金玉奴

义和冷酷狠毒,于是就把唱词改成了"想不到他一得中就变脸,管我爹爹叫金二,把我推入大江中",这样一改,自然就更符合金玉奴的心情和性格了,人物表演起来也更顺畅。

这出戏近年来很火,它把一个社会底层最卑贱的丐头之女演到了极致。金玉奴与她爹是那么善良高贵的好人,结果遇上莫稽这么忘恩负义、品行恶劣、见利忘义的小人,这个戏把这些人物都刻画得淋漓尽致,现在荀派花旦争相献演,也体现了剧目常演常新的艺术魅力。

这戏刘长瑜没跟荀先生学过,只看过几场荀先生的演出。在学校由令香老师教高班同学,没有"棒打",只演《豆汁计》,刘长瑜也看过。还看过云燕铭老师的,看过孙毓敏师姐的,又看了荀令莱老师的。然后听着荀先生的录音,把这戏复排了,确实是觉得这戏抨击、揭露了丑恶，是善恶美丑的对弈，作为前辈艺术家的经典作品，特别有戏可学和可作，因为喜欢所以也复排了。复排后在湖北、山东、浙江等地演了很多场。演出时剧院资金很有限，只做了一件褶子，其他都是有什么穿什么，因为金玉奴是很有骨气的穷苦人，所以刘长瑜就为她选了竹子花样儿。应该说这个戏虽然没有得到大师的亲自指导，但是从老师的录音和对他的演出的回忆也感悟到了一些东西，通过齐心努力，互相配合，刘长瑜的演出也得到了观众的认可，打动了观众的心。

:: 《金玉奴》 刘长瑜饰演金玉奴、刘学钦饰演莫稽、寇春华饰演金松

《燕燕》
相思与君绝

中国京剧院演戏一直有个传统,就是要对选择的剧目进行整理、改编,没有这个步骤不能过关。大家对待传统戏有一种敬畏而进取的态度,都希望在实践中去改造、充实、提高。而20世纪80年代的京剧院聚集了一批传统功底较厚的中年演员,面对新时代、新观众、新要求,大家充满了重拾事业的热情与干劲。这些人成为一批业务骨干,主动地承担起京剧发展与革新的工作,事实证明这批同志是很重要的承前启后的力量。

80年代初是戏曲发展的一个关键转折时期,一批本来很有才华、有本领的演员一搁就是十几年,当时的戏曲发展确实出现了情况,京剧舞台经过一段时间才逐步恢复。《燕燕》排于1982年,剧本由夏永泉移植改编自徐棻根据关汉卿先生《诈妮子调风月》残本编写成的川剧。

刘长瑜可以演《辛安驿》《卖水》等老戏,但时代要求、观众要求出新剧,做新创作。按照剧院当时的条件,刘长瑜就和四团几位颇有想法又有舞台经验的老朋友商议,大家年龄相近,经历相当,想要改观和扭转京剧不景气的状况,都更主动、更有战斗性地去承担和从事京剧传承与革新工作。之前刘长瑜本来想排《杜十娘》,因为占人较多,按四团当时的状况没法排开,而《燕燕》是6个人演一个晚上的戏,排起来比较方便,于是有了《燕燕》的落地移植。

决定排《燕燕》后大家都准备好了,刘长瑜却生病了,长了个大囊肿,还有破的迹象,一破就会成腹膜炎,所以不得已先做手术,排练先停下来。刘长瑜本来感情丰富,但并不爱哭,她可以假哭,调动感情哭,但不会真哭,很少发自内心掉眼泪。结果大家都准备了,她不能排了,觉得对不起大家,不掉泪的人却掉泪了。做手术是10月4日,11月就又开始工作了。

《燕燕》刘长瑜饰演燕燕

《燕燕》刘长瑜饰演燕燕

因为还在养病期间，不能折腾，毕竟也是开膛破腹的手术，那时候没有微创，怎么说也是大手术。刘长瑜怎么办呢？她在床上练唱腔，先把唱腔练熟了。然后练耍盘子，原来在学校学的戏没有需要耍盘子这个技能的，但《燕燕》是要的，想要表现燕燕不去伺候老员外了，用什么技巧来表现她庆贺解放的喜悦心情呢？她要去送茶，送茶就有茶盘，道具也是现成的，情节上耍盘子正好水到渠成，所以生病期间刘长瑜就坐在床上练唱腔，练耍盘子，琢磨用什么技巧表现人物。

耍盘子的技巧运用涉及的也是一个艺术的传承问题，京剧有很多很成熟可用的技巧程式，用得好就能增辉添彩。当然，这种运用也要因地制宜，在继承的基础上改革创作。比如女性旦角表演爱情戏时的羞涩等情态，那是与古代女子所处环境相匹配的，也是她们最典型的表达方式，但如果生搬硬套地借来表现现代女性的情状，那就是不得法，就是概念化，是僵化，需要演员根据表现内容的需要重新运用和创作。

刘长瑜家有张画，她觉得画上的女子就是燕燕，那么美丽，那么乖巧，那么可人疼，总之，她就像得了病似的，跟这画说话、交心。所以排这部戏时刘长瑜有一段时间就是利用生病期间做案头工作，让自己附体，钻到人物的灵魂里去的。

一起创作的伙伴们也很给力。夏永泉同志是剧院的好小生，他在担任剧本改编的同时也是剧中的主要角色之一，他演了反演人物李维德。这次他在小生的唱法上也进行了一些革新，采用了大、小嗓结合的方式。剧组就是要想办法把京剧往前推进，保住老观众，争取新观众。大家也知道《白蛇传》去国外演出，杜近芳先生就曾与李少春先生合作演出，大嗓许仙，这也是一种方式。永泉的想法也是

∷《燕燕》刘长瑜饰演燕燕

要根据时代和观众的需求进行探索。这批演员都是科班出身，对京剧的老传统肯定是热爱的，但随着时代的革新，有些东西就是陈旧了，套用不上了，因此他们就在一起琢磨，尽量回避那些令人索然无味的过时的手段。京剧出路无非两条：一是整理、改编、新创，二是演好老戏。两条路都不能缺，演好老戏是基础，演好新戏是新出路。

《燕燕》是个新戏，其中的很多细节安排都有精心思考。其中有一场是"誓盟"，剧情很简单，主要是燕燕与李公子的"定情"，但演起来难度较大，最要紧的是要把燕燕的既惊且喜、忐忑不安用京剧的表现手段恰如其分地表达出来，既有程式要求，还要讲究一个度的把握，既要有固有常规手段，还要推出让观众耳目一新的玩意儿，很考验演员的把控能力和创造力。剧组先在音乐上加了小型的民乐队。开场的前奏即是一派鸟语花香的欢乐气氛，烘托由于李维德的劝阻而未能被主人嫁给史老员外的庆幸、感激和喜悦之情，从

天阴到雨夜的时空变化也是通过音乐来表现，其间融入了《春江花月夜》的乐曲，再转入燕燕唱的【反四平调】，从而揭示出少女那种惊喜、羞怯的复杂心绪，结尾也是以音乐伴奏中的双人舞结束。

在这一段戏中，燕燕的心理变化很大，刚开始由于李公子的求情，她免于卖身老员外的厄运，峰回路转、柳暗花明中她的心情是无比快乐轻松的，那么她的这种喜悦满怀自然要在舞台上以唱念做舞表现出来，而剧组给予的编排主要体现在她的出场上：得知消息后，燕燕在欢快的锣鼓伴奏中以极细碎的脚步，极轻捷的速度，极轻盈的体态托盘（茶盘）而出，眨眼之间一气儿斜线到了台口，亮相，人如其名，燕子般翩跹入场。一个出场即将人物的心情带入场内，紧接着以茶盘为道具，耍盘起舞，看花逗鸟，在一系列优美的身段造型中既舞且演，把观众带入到情窦初开的小姑娘的爱恋世界，为她欢喜，为她激动。《诗大序》称"言之不足，故嗟叹之。嗟叹之不足，故咏歌之。咏歌之不足，不知手之舞之足之蹈之"，戏曲就是这样，好心情坏心情非得通过唱、念、做、舞种种手段才能尽情尽兴不可。而这一节又由于李公子向燕燕表白的剧情变化，更加引发了燕燕内心情感的跌宕，因而燕燕的第二个出场也做了别样的编排：这次燕燕奉命为李公子送衾被，她带着小姑娘情窦初开的喜悦与忐忑出场，一手提灯，一手搭被，且走且停，欲说还休，小姑娘满腔的喜悦，又无法出口，只以自我陶醉的一段"行路"来表达，一会儿小碎步快行几步，一会儿又定住思考，似乎要将这美好的过程无限延长品咂，时而有小跳步过坎，时而又绕行过水洼，雨夜的静谧与内心的澎湃都在她的且行且思量的过程中。这段表演节奏变化很多，细节可挖之处也很丰富，内心可剖析的潜台词接踵而至，经过精心编排，演员演起来其实很过瘾，观众看起来也不会觉得乏味。本来荀派在这些地方也有很多手段，是荀先生的强项之一，做学生的看先生那么多戏，在后来的新创剧目中能有所运用和发挥也是一种很好的继承。一段舞蹈般的"花园行路"之后，紧接的音乐与唱腔设计也很到位，自然地衔接了前边的表演，

::《燕燕》刘长瑜饰演燕燕、夏永泉饰演李维德

通过唱腔与音乐将燕燕此时的心情更加明白晓畅地表达出来。

雨夜花园路上徘徊的一段唱本身就是一首少女抒怀诗："夜深沉风紧雨紧,出花厅欲行难行。奉主命送衾绸御寒御冷,去书斋猛叫我心惊意惊。步回廊实惧这漏静人静,雨夜中星点点忽暗忽明。柳枝柔带春雨似定非定,荷池水春风吹欲平难平。意彷徨神思不定,低下头且走且停。"十句唱把夜雨寂寥的少女心事吐露,含蓄而优美。整体唱腔是特邀索天靖老师在【汉调原板】的基础上设计的。【汉调原板】本身相对平和,比较稳定,唱腔优美,适宜表达温柔缠绵的情感,所以此处化用也是很好的运用。第一句"夜深沉风紧雨紧"有两个意境,一则夜深人静,女孩子满满心事,二则风紧雨紧,此处刘长瑜更加关注人物的心情,因而在演唱时讲究控制气息,轻轻唱出,也未必是满宫满调,主要是表达燕燕心中压着的那股不得抒发的惊喜交集,是一个少女紧紧捂住的一腔甜蜜心事,也营造并强化雨夜深沉的自然环境;紧接上句的小过门音乐中以一段弹拨乐来模拟雨夜"滴答"之声;下句"出花厅欲行难行"动作性较强,唱腔安排节奏变化也较丰富,前快后慢,"难行"刘长瑜就在低音区久久徘徊,乐随心行,表达燕燕犹疑不定的心绪。第二句"奉主命送衾绸御寒御冷,去书斋猛叫我心惊意惊",这一句的关键字与情就在一个"惊"字,回想起白天李公子抓住自己手表白的情形,小姑娘羞得面颊潮红,唱腔就在"惊"字上下功夫,采用了两个停顿,并加了弹拨乐的过门,呼应燕燕怦怦直跳的心。第三句"步回廊实惧这漏静人静,雨夜中星点点忽暗忽明",上句的"静"是一定要用轻声的语气来表现的,而点点灯光中的忽明忽暗寓意着燕燕的惊疑不定,在表达上更多地借用了青衣的唱法,使得女主人公的情感更含蓄。最后的"暗"字收尾采用了张(君秋)派的处理。"柳枝柔带春雨似定非定"是借景寓情,羞涩难抑,【原板】一般不用长腔,但在这儿刘长瑜把"柔"字处理成了长拖腔,表达燕燕内心的千回百转,用的是【反二黄原板】的旋律。"荷池水春风吹欲平难平"这一句的演唱气息由弱到强,仿佛燕燕的心事如池水,一层层波澜荡漾开来,"难平"二字的处理是重点,这句"耍着板"唱,"难平"二字先抑后扬,略有停顿后脱口而出,其实也是燕燕内心压抑不住的一种直接表达。最后一句"意彷徨神思不定,低下头且走且停",又回到柔婉起伏的旋律,表达燕燕犹豫不定的心情,"且走且停"配合词意,设置了几处停顿,表现燕燕且行且止的行路状态和羞涩恐慌的心境,而最后的"停"字行腔是渐行渐弱渐止,直到消融于伴奏音乐当中,又余音袅袅,不绝于耳。

总之,这段【汉调】一定要唱出韵味,唱心唱情为主,矜持含蓄是内核,天真自然是关键,不及则味寡,过则轻佻,轻佻则有失可爱与可敬。因此也可以看出,在燕燕这个人物的表演上,刘长瑜对于荀派的表演自然是要借用的,常见的手腕平眉梢的指法,双手背后,款摆腰肢后的翻身造型等经典身段造型都可以,但在借用过程中根据自身人物的需

∷ 《燕燕》刘长瑜饰演燕燕

要摘选、改造也都是很好的原则。人物的身份与情感表达是贯穿创造的最终目的,老的程式经过改造,运用于新的人物、内容、思想的表达,是艺术进步的必然选择。在燕燕这个人物身上,刘长瑜是结合着花旦与青衣来演的。当爱情处于平顺期,身段动作表演偏花旦多些,当爱情处于崩溃期,则更多地借鉴青衣的表演方式,即使情感激烈,但行动举止也要适度含蓄收敛,情感掩藏不轻易释放。相比于一般丫鬟的俏皮活泼,燕燕更沉稳端肃。

表演上的细节无时不与人物的思想情感息息相关,厘清人物的思想情感脉络才能相应地选择和创造与之高度匹配的表演身段。燕燕给李公子送完东西之后,李公子向燕燕示好,请她坐下,即使是这样一个落座的小小细节也不能等闲看待。刘长瑜当时的处理也是经过

了一番思考的。李公子示好，燕燕心怀感激之余自然也是不安的，他与她隔着阶级，地位悬殊，燕燕内心喜悦之余，更多的是感激与不安，感激可以用微笑来表达，而不安则在那一低头的安排，燕燕不能目光坦然地与李公子平起平坐，她低下头，手指无意识地搓弄，一步一步移向椅边，挨着椅边很谨慎地偷望李公子一眼，得到李公子的再次示意才慢慢落座。这个过程，如果简单处理，无非是一让，行进几步，转身，落座，如果是那样的话，演员没演出什么，观众又能看出什么？如果演员能演出燕燕此时此刻的地位、身份、所思、所虑，那观众自然也就不用喝"白开水"了。燕燕是个丫鬟，她不习惯在"主人"面前落座，她倾慕李公子，又不敢高攀，得到李公子的示好后的忐忑不安就是她的生活真实，这种生活真实通过演员表演表达出来就是艺术的真实。而后来，这也是燕燕端茶送水很自在而落座迟缓且紧张的原因。而在结局中，喜新厌旧的李维德又把他与莺莺小姐的定情之事告诉燕燕之后，可想而知燕燕经历怎样的心理痛苦，她从羞涩到怀疑到震惊到痛苦再到愤怒都要逐层表现，可见要表演好这个人物会有多少细节变化。在处处编排与讲究中才能产生出强烈的戏剧效果。

在表演上前面讲到过"奉茶""奉衾"时的两处身段表演，现在还要说一下最后的"哭路"。如果说前面的第一次表白是惊喜，是开端铺垫，后面的被抛弃就是惊吓，是结局收煞。而与前面的行路相对比的"哭路"也是一个最重要的表演场次了。沉雷滚滚，风雨交加，燕燕悲恸欲绝地奔走在泥泞不堪的道路上，踉踉跄跄，不时滑步跌倒，这在戏曲中有丰富的整套表演程式，拿来即可用，演员表演过瘾，观

:: 《燕燕》刘长瑜饰演燕燕

众看着也带劲。

燕燕的念白也是经过精心处理与安排的。为奴隶的燕燕在遇到李公子以后，逐渐地向对方由感恩知遇转变到双方平等相待，两人的交流也渐渐地松开了精神上的枷锁，燕燕恢复了一个渴望幸福的少女的精神面貌。刘长瑜曾把韵白和京白运用到同一个人物的身上，在燕燕处在为奴的精神压迫下的时候，用的是韵白，在燕燕摆脱了精神上为奴的压迫时，也就是她和李公子之间有了理解和幸福，从而对爱情心生强烈向往时，又改用京白，这也是为丰富人物的感情，形成极强烈的对比。

所以《燕燕》这个剧，虽然经历了波折，刘长瑜并没有少花心思，相反，手术后她只经过了短短的休息就又投入了工作，在她心里蕴藏着一股创作的欲望，想要把这个戏做出

:: 《燕燕》左起夏永泉饰演李维德、刘长瑜饰演燕燕、刘大可饰演杨夫人

:: 《燕燕》节目单

来。最后，《燕燕》就在北京首演了。

首演之后，紧接着，剧团又去了河北省故城县农村演出，演出效果很好，受到了热烈的欢迎。当年还在《人民戏剧》编辑部召开了一个座谈会，著名文艺评论家张庚先生、冯牧先生、刘厚生先生等参加了会议，大家对《燕燕》给予了充分肯定，也提出了许多宝贵意见，由《燕燕》还探讨了很多戏曲改革方面的问题，这对于改好演好这出戏及今后的工作都大为有益。

《燕燕》后来拍成了电视艺术片，并在首届"鹰像奖"中获奖。

:: 《燕燕》刘长瑜饰演燕燕

∷《燕燕》刘长瑜饰演燕燕

《玉树后庭花》
生于忧患 死于安乐

1990年是徽班进京200周年,京剧界纷纷编演新剧以示纪念。刘长瑜当时拿到了剧院艺术室蔡景凤同志编的京剧剧本《玉树后庭花》。这部剧的剧名源自杜牧诗句"商女不知亡国恨,隔江犹唱后庭花",刘长瑜是在去长沙的火车上一夜之间决定要排演这个剧目。排演之前种种困难是必然的,她并没有急,也没有恼,而是静下心来先好好研究剧本,觉得剧本立意很好,悲剧色彩很浓,被深深打动。当时中国正经历改革开放,各行各业都有显著发展,经济繁荣,形势一片大好,剧作主题很有"生于忧患,死于安乐"的现实醒世意义,刘长瑜想通过排演这样一个新剧寓教于乐。

大家都认为刘长瑜是花旦,也擅长演喜剧角色,她个人也比较喜欢大喜大悲之作,认为悲剧性的本子也能很好地挖掘人物,创造人物。乐昌公主属闺门旦,刘长瑜以花旦应工,同行们刚开始未免怀疑,但她不想不断重复自己,也不想让观众总看一副面孔,最怕听观众说,刘长瑜的戏啊,只要看一出别的就不用看了,她希望演员不被行当、流派、自己给束缚住,要研究人物,要突破局限。带着这样的心情,刘长瑜进入了角色,查阅资料,分析人物,琢磨心理,在编剧、导演和同志们的帮助下,一步一步把这个戏的内里挖了出来。

那时魏公村的军队艺术学院已经恢复,要求中国京剧院搬迁,可剧院从1968年起就搬进了军艺大院,并无其他去处可以安身。这时的排练场只留了一间二号练功棚,大家都要排新戏,怎么办呢?于是大家白天在院子里厕所边的大树下对词说戏,晚上等其他剧目不占排练厅了再去排。食堂这时肯定是早撤销了,同志们要回家吃晚饭啊。如果遇到晚上要留下来排戏的话,刘长瑜就给同志们买点吃的,也就是面包之类的先垫着点而已。吃饭问题可以这么对付过去了,但断水就麻烦了,大伙儿不喝水那怎么成呢,唐维森同志就主动

《玉树后庭花》刘长瑜饰演乐昌公主

骑着自行车，驮着水桶到马路对面求人打水，回来再用电炉烧开，供同志们饮用。即使条件那样艰苦，大家也没有怨言，齐心协力帮衬着把戏立起来了。

黄宗江的夫人阮若琳是电视剧方面的专家，她看后建议把此剧拍成电视剧，认为这样受众面更宽，戏也会更好看。刘长瑜认为她的建议非常好，想办法付诸实践。幸运的是，这个想法获得了央视戏曲频道一位同志的支持，获得了部分经费资助；江苏电视台也给予设备支持，两台联合把《玉树后庭花》拍摄成了戏曲电视片。当时两台各出了一位导演，分别是阎德威和许忠文。刘长瑜从香港演出回来后又在深圳得到支持，找企业资助了部分经费。乐队和一部分配演则由江苏省京剧院、南京市京剧团同人配合完成。这部剧前后一共拍摄了19天，其间没有一人提出报酬问题，当时所有参与者可以说都是无私地支持着这个项目，令人感动至今。

立项容易，实施很难，除了资金、人力、物力、时间等外围问题，剧组也确实遇到了戏曲与电视怎么结合的问题，也就是戏曲电视片的艺术本质问题。两种艺术形式上不同，京剧讲究唱、念、做、打，无论化装、服装、表演等都有着极鲜明的戏曲特色，常说的戏曲的程式化、写意性等美学原则与电视艺术所追求的纪实性、真实感、可信度其实是大相径庭。但大家也承认京剧或者说戏曲借助电视、电影等这样的方式去传播与普及也是势在必行的。有了这种一致的认识，大家并未停止探索，相反，针对每一个问题，在实践过程中逐步提出了解决的方案，并最终完成了拍摄。

首先是剧本的问题，电影的分镜头剧本很尊重戏曲本，很好地保留了主要情节、场景、人物等，乐昌公主与附马徐德言的爱情线很突出，居安思危的训诫主题也贯穿得很好。当然，为符合电视剧要求，分镜头剧本在保留舞台剧剧本精华的基础上也做了重新调整，比如，把舞台剧的五场改成了上、中、下三集，等等。

音乐改动也是很大的，首先是关于锣鼓音乐部分，也就是打击乐音乐的部分，剧组做了很大胆的改革。京剧过于分明的锣鼓节奏在舞台演出中自然没有问题，而且是戏曲特有，但搬上屏幕就要重新考虑了，经过认真研讨和论证，最终决定取消打击乐。这个戏本身虽然也是金戈铁马、国破山河的时代背景，但主线、主角是文戏，取消打击乐也没问题。相应地在音乐上做了较大丰富，全剧完全以音乐来贯穿。唱腔本身就是保留的，可以现用；同时以主题歌和主题音乐来统领和连贯整剧，主题歌在保留京剧唱腔特点的同时吸收了歌曲的特点，也算得上是较早的京歌创作，全剧音乐旋律优美，感染力很强，主题歌与主题音乐在剧中反复使用，既很好地烘托了氛围也强化了主题。实践证明这个改动既考虑到了电视欣赏习惯，也充分利用了京剧音乐本身的丰富性，发挥了京剧音乐部分的功能。

京剧拍电视片，打击乐及音乐的问题解决了，还有一个唱腔与影视艺术画面镜头的结合问题。作为京剧，精彩的唱腔肯定是要保留的，在好唱腔不能舍弃的基础上，那就得请影片拍摄的导演来想办法了。关于这一点阎、许两位导演都很用心，在镜头运用上出了很多主意，阎导还专门就戏曲电视剧《乐昌公主》写了一个导演札记，在札记中有很清楚的说明。至于剧中的念白则不用韵白，以讲究韵味的京白来操作，这也是为了很好地往电视欣赏靠拢。

人物的造型也有很大的改观，基本原则是往电视方面靠，化装采用的不是戏曲装而是影视装，旦角头饰去掉"贴片子"，用的古装头，与古装剧无异，髯口由贴胡须代替，至于花脸，不用脸谱，把"勾脸"之类的改为揉脸。

时代变了，国家富强了，"生于忧患，死于安乐"仍然有着警示现实的意义，如同《玉树后庭花》所演，覆巢之下，安有完卵，封建王朝的高贵公主一旦亡国，一样遭遇悲惨结局，居安思危，不可一时忘记。

二 《玉树后庭花》刘长瑜饰演乐昌公主

∷ 《玉树后庭花》刘长瑜饰演乐昌公主

:: 《玉树后庭花》于万增饰演徐德言、刘长瑜饰演乐昌公主

:: 《玉树后庭花》刘长瑜饰演乐昌公主

∷《玉树后庭花》刘长瑜饰演乐昌公主

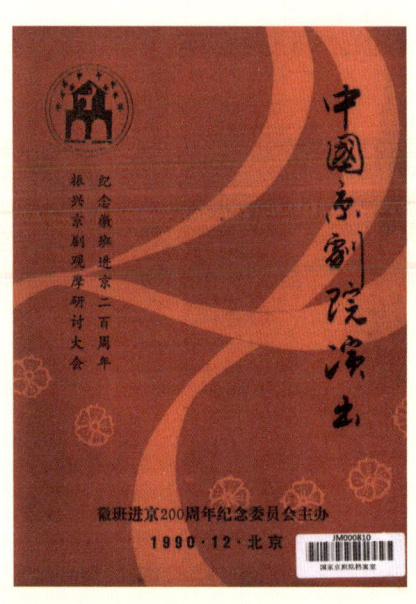

《玉树后庭花》入选1990年纪念徽班进京200周年振兴京剧观摩研讨大会

《四郎探母》
旗装自有样

刘长瑜学这出戏的时候不到 14 岁，之前在戏校是跟冯志孝搭档演出，后来到了中国京剧院是跟孙岳、曲素英、王晶华等同志演的整出，刘长瑜主要演《回令》，之前跟华慧麟老师学演。

《四郎探母》讲的是发生在北宋时期的一个故事，但人物造型京剧按清代风格走，女性就是着旗装，梳把头，穿花盆底。这是京剧里的一项常例，很多少数民族人物的造型并不一戏一设，基本按照统一路数来，不分朝代，我们看《杨家将》《朱帘寨》等剧中女性少数民族人物也采用旗装来扮演。在京剧中汉族人物造型则大都按明代的风格来，这个路数大家也都认可。这是京剧

:: 《四郎探母·盗令》刘长瑜饰演铁镜公主

前辈大师们的智慧所在，如果总是一戏一改，那成本可想而知，前辈大师们创造了这样一种人物造型方式，大衣箱、二衣箱等规制都为广大观众所认可，这形成了中国戏曲独特的审美特征。如梅大师的《贵妃醉酒》是唐朝故事，但杨贵妃的蟒、凤冠等就按明朝的服饰装扮走，大家都认可，没有人认为梅大师反历史，这也正是祖辈们的聪明才智所在。传统衣箱有自己的科学，连同"文站东，武站西"，文官绣飞禽，武将绣走兽，等等，已形成了特有的固定模式，《朱帘寨》的二皇娘和《四郎探母》的萧太后、铁镜公主并不同朝也不同代，但她们的旗装打扮都被接受。

::《四郎探母·回令》刘长瑜饰演铁镜公主

《四郎探母》从角色上来说,萧太后、铁镜公主她们是少数民族。古代的少数民族以游牧为主,与农耕生产的中原地区不一样,少数民族女性相对比较豪放爽朗,性格特征与汉族女子不同,她们的行为动作与汉族女子不同,汉族女子举手投足讲究个委婉、细致,尤其封建时代对女性的制约、规矩很多,"笑不露齿,行不露足",不能摇头晃脑,耳环不能乱动,必须规规矩矩、端端正正,游牧民族女子则是豪爽大气的,在饰演这类人物时也是根据各自不同的特点来表演。

另外,在腔调上,演少数民族女子念京白,而汉人的京白和旗人的京白是有差别的,少数民族女子相对更粗犷、更直接。刘长瑜曾谈及她看的湖北出的一本谈艺的书,王瑶卿演这些女子和筱老板演《马思远》就经常到珠市口去体验生活,因为珠市口在当时是最繁华的商业区,可以去那儿观察旗人的做派和生活,以及他们的语言、行礼等,由此可知前辈艺术家们演的人物不是想象出来的,是根据观察、体验生活后以艺术化的手段来演绎这样、那样的少数民族女性。当时满人、少数民族女性的举止、派头、讲话的语气王老想来都用在了萧太后身上,因此他的萧太后真是一绝,还有后来的赵桐珊老师,也就是芙蓉草老师,他演的旗装女子也是活灵活现的。

刘长瑜学戏时没能赶上王瑶卿先生教,但赵桐珊老师在,班里学《四郎探母》的时候,萧太后就是赵老师教,铁镜公主则是华慧麟老师教。这些老师不但多方感悟生活,他们还入宫演出，见到过皇宫中的女性们的装扮、举止，有真实的生活基础，他们把这些运用于艺术上。自造不叫创新，离开根就是沙滩上的痕迹，海市蜃楼的景象，知道了来龙去脉，知道"根"在哪里，弄清源头，也不等于一成不变，既要有根，又要有发展，艺术才能有生命力，才能一代代传下去。

刘长瑜那时学戏不像现在的"快餐"，她学戏那会儿还是顽皮的小女童，老师一句一句教，学生一句一句学，就这样天天熏着。老师怎么教，就怎么学，熏着熏着就会了。刘长瑜的旗头戏就是这么熏出来的，随着年龄的增长，随着实践的增加，逐渐感悟到内里的真谛。脑海中时时浮现老师形象，那一指，那一哭，那一笑，那个脚步的派头，那个劲头就好像醒过盹儿了似的。

1959年毕业后刘长瑜先到实验剧团，1962年到剧院，《四郎探母》在学生时演过，在实验剧团没演过，到了京剧院重新再演时华慧麟老师又给她做了加工，正式演出时亲自把场，演出后也获得了她的首肯，对学生来说也是极大的鼓舞和鞭策吧。

演惯了花旦，小姑娘，旗装公主的脚步、手势等做派有很大的不同，包括扮相，梳的旗头，贴的片子，都很讲究，也不是官中的随便扮上就能演的。如贴片子，因为铁镜公主是旗头，两把头的头饰大而宽，而且方正，汉族女子即使戴凤冠也没有这么大，所以与汉族女子头饰相配的无论是大头还是古装头，脸型贴得都比较尖，贴成瓜子脸比较好看，但旗头大、方，贴成瓜子脸就不如鸭蛋脸协调。旗头贴片子的弯拐得大，贴到侧下巴处要往上弯，所以片子要求长，刘长瑜演出时都没有那么长的片子，怎么办呢，当时用的是三条片子，上面单独加了一个小片子。上金殿，两把头带穗子，如果演员总是摇头晃脑的，那可以想见是什么难看的效果，其实不只青衣，花旦也是不能随便乱动的。再说旗头表演时脖子也不能乱动，一个字"梗"，梳上两把头有新的规范。手势硬腕不动，更不能折了；抬手手心冲里，不是翻腕，也不是扣腕子，也不是手背冲外，高度与两把头齐平；身子要整，都是年轻女性，旗装女子也有腰里的劲儿；旗鞋的脚步也有讲究，旗鞋走脚步不能让观众看见花盆底，老生可以"亮靴底"，但旗装戏不可以，那怎么做到呢？不能用花盆底擦着台毯走，否则自己摔跤，外侧的腿要微蜷，不是人蜷，微蜷才能满脚落；走的时候手要配合好，"扭秧歌"的，横着摆的，花旦走的，大步量大胳膊、小胳膊甩着走的，这些都不行，应该是大臂随着小臂游动，主要是肘以下在动，更不是提线木偶似的硬摆小臂，大臂是随着小臂也有微微的摆动。

旗装女性讲的京白，念白语气更是讲究。铁镜公主上来的时候刘长瑜打过【急急风】，演全剧的时候也打过【快长锤】，萧太后上场，鞑子鞑女上就用的【急急风】，刘长瑜觉得铁镜用【快长锤】比较贴切。铁镜唱完"驸马因何要问斩刑""驸马，快快近前说分明"，驸马在唱的时候，铁镜不能无动于衷，其实驸马从"盗令"出宫到回宫是经过好一番紧张的奔波的，那么在驸马说明缘由时，铁镜是心绪繁杂："他风尘仆仆地来回奔波，我好心疼！"这也是之前盗令别宫时两人泪眼汪汪的照应，当时的铁镜表演也是一直目送驸马，直到驸马一骑绝尘，还痴痴凝望，不肯回眸，还有"牵挂"在里头。待到回宫受罚，驸马要铁镜"另嫁旁人"，铁镜的反应："这说的什么话呀！"，此处要把铁镜与驸马的情深意重演出来。在与萧太后的"较量"中有一种试探：看母后到底掌握了多少情况？被识破了以后，赶紧软下来，撒娇，给母后行礼时有人冲里，也有人冲外，刘长瑜觉得侧着比较好，既不是完全给人以后脑勺，又不是两人都冲外，是求情，

:: 《四郎探母·盗令》刘长瑜饰演铁镜公主

求赦免，侧面的话既照顾了观众又有哀求母后的情绪在里面，所以她演出的处理采用的就是侧面的方式。此处"老娘亲"用了一个很长的腔，这儿不是为"叫好"拉的长腔，其内心依据是表达铁镜对娘亲的哀求，是强化哀求的语气。母后不允，定斩不赦，铁镜就急了，与母后一段交锋唱，看来没戏，绝望了，"发呆"一阵。剧情又一转，又把"大阿哥"拿出来做戏，又想救"老"的，又想救"小"的，一句"舍了吧"要直。给驸马拿下手铐来，看着驸马下去，这心里总算放下一颗心，刚轻松下来，一看母亲又紧张起来。但她性格很爽直，一想"驸马都赦了"，这应该没问题了。这赔礼又是几重的转变，但与母亲之间毕竟不一样，尤其是几个"请安"最有讲究，最后一个"请安"更是边念边乐，花旦更加合适，很有味道。最后的那点是为了谐趣，可要可不要。

所以这出《四郎探母》与花旦戏不一样，与闺门旦戏也不一样，希望大家能把前辈艺术家根据观察生活、体验生活形成的这样一部艺术精品传下去。

:: 《四郎探母·坐宫》刘长瑜饰演铁镜公主、杨杰饰演杨延辉

:: 《四郎探母·回令》刘长瑜饰演铁镜公主

:: 《四郎探母·回令》左起孙婉华饰演萧太后、刘长瑜饰演铁镜公主、张学津饰演杨延辉

:: 《四郎探母·坐宫》刘长瑜饰演铁镜公主

:: 《四郎探母·回令》刘长瑜饰演铁镜公主    :: 《四郎探母·盗令》刘长瑜饰演铁镜公主

《游龙戏凤》
几曾看王侯

　　《游龙戏凤》演的是明代正德皇帝微服私访，来到山西梅龙镇，在一家由兄妹二人经营的客栈吃酒住宿的故事。在这家客栈，端茶送水兼后厨的是妹妹李凤姐，正德帝见李凤姐貌美又质朴，于是故意挑逗李凤姐，李凤姐这个小姑娘虽然对改装私访的正德皇帝印象不错，但她的自我保护意识也很强，她自珍自爱自重，对对方的挑逗也适时给予敏锐的回击。其间她为做生意，面对正德帝的威胁，能巧妙地予以躲避过关。比如正德帝假装反悔，说不吃酒席要到别处去吃的时候，李凤姐很有智慧地骗他，并趁他不注意给他斟酒；而在正德帝一而再、再而三地居然追进凤姐的卧室以后，李凤姐也是想方设法地给予了回击，最后只有正德帝亮出龙袍，凤姐才如梦初醒，跪地讨封。

:: 《游龙戏凤》刘长瑜饰演李凤姐

　　《游龙戏凤》唱、念都十分精致，对白虽然是韵白，但同时也加用了京白，是一出令观众倍感轻松、休闲开心的京剧生、旦戏。

:: 《游龙戏凤》刘长瑜饰演李凤姐、马长礼饰演正德帝

:: 《游龙戏凤》张学津饰演正德帝、刘长瑜饰演李凤姐

:: 《游龙戏凤》刘长瑜饰演李凤姐、刘学钦饰演正德帝

我还曾经得到先生亲自教授《游龙戏凤》的幸运之机。那是在70年代中期，上边要求录制一批戏曲资料影片，我接受了《游龙戏凤》的拍摄工作，录音的任务是由李世济老师完成，程派唱腔由我来配像。可是这出戏我不太熟，就去向先生请教，在这次的学习中，先生可算是倾囊相授，非常耐心地一招一式地给我说地方，说身段，说声腔，说表情，连那些细小的动作，像扔带子、踩带子等，都非常细致地教我。由于是给程派唱腔配像，难度很大，可是先生对我说："我虽然教给你啦，但是不能完全照我的来，如果有什么不一样的，要按照唱和念来做。"就是在先生耐心无私的教授下，不仅使我圆满地完成了任务，还从另一方面看到了先生的不固执、不保守的高贵艺术品格。

——摘自《心香——回忆张君秋先生对我的教益》

（刘长瑜撰写张君秋先生逝世2周年纪念文）

:: 图为音配像，李世济音、刘长瑜像

::《游龙戏凤》刘长瑜饰演李凤姐

第二节
千练千演

深入生活

  我们这代人从旧社会到新社会，见证了中国大半个世纪的社会历史进程；在这大半个世纪里，我们这代文艺工作者也见证了中国文艺的发展历程。作为一名见证者和亲历者，我深深地感受到，在社会主义中国，文艺在引领社会时代风貌方面的作用至关重要，它像一面镜子反映着社会风气，它是精神的食粮，给予人们心灵的补给。然而，在市场经济大潮中，有的时候，这一面镜子也会变成哈哈镜，镜子里反映的内容走了形，出现了一些哗众取宠的肤浅之作；有的时候，精神食粮变了味儿，快餐式的补给让人的欣

∷ 中国戏校实验剧团深入生活集体合影

赏品位日益降低，人们的价值观在潜移默化中发生偏离。在这样的时候，我们更须坚持正确的理念，高扬先进文化旗帜，"深入生活，扎根人民"，创作出无愧于伟大时代的优秀作品。

年轻的时候我们经常深入生活，扎根人民。那时每年至少两次到农村体验生活，和农民兄弟"三同"——同吃、同住、同劳动。我们到工厂参观，访问一线工人，与他们交谈。我们去部队与领导和战士同志们一起参加训练，增进了感情，也增长了知识。看到广大劳动者为祖国、为人民创造财富，用辛勤的汗水和智慧生产出人们所需的产品，我们由衷地被他们高尚的品德、情操深深感染。生活激发了我们的创作灵感，赋予了我们创作的热情，作为文艺工作者，我们立志在舞台上表现人民，讴歌人民。

:: 体验生活

:: 剧组即赴河北清苑体验生活

:: 深入生活照

明确了"文艺为什么人"的问题,创作也就自然回归到了最纯朴的起点。习总书记说,好的文艺作品就应该像蓝天上的阳光、春季里的清风一样,能够启迪思想、温润心灵、陶冶人生,能够扫除颓废萎靡之风。要搞出好的文艺作品,最根本的决定于是否能为人民抒写、为人民抒情、为人民抒怀。文艺创作方法有一百条、一千条,但最根本、最关键、最牢靠的办法是扎根人民、扎根生活。

我在多年的教学中,明确地告诉学生"要从生活中寻找表演的依据",生活是艺术的源泉,脱离生活的艺术是无源之水、无根之木,不能长久,没有生命力。而人民大众的生活更是我们文艺工作者创作的深厚土壤,只有扎根于人民,艺术之树才能得到丰厚的滋养。为创排京剧现代戏《红灯记》《草原兄妹》《平原作战》等,我们深入生活,扎根人民。在我们那个年代,深入基层体验生活是艺术创作中不可或缺的一个重要环节,也正是因为遵循这一原则,才能够创作出经得起时代推敲与考验的作品。一次次的深入体验在现实的生活中是艰苦的,

:: 剧组即赴河北清苑体验生活

但在思想精神上是一种滋养,我们都受到了净化和洗礼。深入生活,深入群众,使我们得到了丰厚的积累,生活成了我艺术创作取之不尽用之不竭的宝藏。

从人民大众的土壤中汲取养分,同时再反哺人民,这是文艺健康发展的最重要的途径。文艺作品扎根于人民群众,同时坚持服务人民、服务社会的立场,优秀作品最终

:: 在基层体验生活

:: 在杨家岭体验生活

:: 在老乡家体验生活

要接受人民和时代的检验,为人民服务。我虽已过七旬,从去年到今年也已几次下基层,去新疆、广西等地参加基层院团帮扶活动,做讲座、交流,现场指导学生,我对他们的坚守和坚持感到深深的尊敬与敬佩。

我院著名导演阿甲先生曾经说过:"生活和艺术就是米和酒的关系,艺术必须来源于生活,从生活中汲取营养,从而进一步酿造成美酒。"艺术源于生活,又高于生活。我们要时刻牢记自己的小名叫"演员",从人民大众的生活中,包括自己观察、体验到的各种情感、生活中汲取营养,进行提炼与加工,创作人民喜爱的,能传递正能量、引领正风正气的作品。我想,这种艺术创作规律的良性循环是我们所愿意看到和深深盼望的。

节选自笔者就"坚扎"对刘长瑜的采访

扎根基层

作为剧院主演之一,刘长瑜一直身先士卒,扎根基层,服务群众。"三下乡""高雅艺术进校园""赈灾义演"等各种公益演出活动都曾有她活跃的身影,"红色经典中华行""国粹艺术中华行""年轻的朋友来相会""致春天""新疆行"等各种演出都有她的加盟。从早年的随剧团下基层演出,到后期兼任京剧艺术普及讲座主讲,她为基层群众、为广大学生带去了精彩的演出和生动的知识,扩大了剧院的影响力,弘扬了京剧,也撒播了优秀传统文化的种子。看着青年们有了进步,看着观众们依

:: 下基层慰问演出

依不舍地退场,她都会露出满意的笑容:"我也知道累啊,但没办法,趁着现在还能动,还能比画(示范),还能说,就尽力多说点,多教点,多传点吧。也让更多的观众看到更好的京剧,从而了解京剧,热爱京剧。"

20世纪80年代,文艺院团正处于改革时期,戏剧界的同志们对此也进行了积极的探索与实践,中国京剧院也处于改革实验期。当时,同志们在院领导的支持与鼓励下还组建过小分队,1983年就组建了两支小分队分别到基层同当地剧团合作演出,一支是包括刘长瑜在内的24人小分队,还有一支是包括杨春霞等人在内的6人小分队。刘长瑜这组还包括王晶华、寇春华等人,乐队琴师张舜华、王心牛,鼓师李金平等人,这支队伍曾应河南省信阳地区京剧团的邀请于1983年底到信阳地区,与信阳地区京剧团合作演出了一个月,共演出25场戏,其中《春草闯堂》演出17场,《佘太君抗婚》5场,折子戏《红灯记·说家史》

以及《宇宙锋》等3场，演出受到了信阳观众的热烈欢迎。演出预售票一抢而空，许多买不到票的观众等在剧场门口守退票。潢川县一位老工人听说是中国京剧院的演出，从很远的地方专程赶到信阳住下，等了3天才看上戏，看完之后，他对演出给予了很高的评价。这件事在《戏剧报》上有详细报道[1]。观众们不畏远途，专程跑来看剧院的戏，演出队也有心把最佳状态拿出来回报观众，不让观众白跑。张春华先生说过，不能拿出好演出给观众看等同于谋财害命，浪费观众的时间、金钱与精力。演出队吸引了观众，观众的热情也反过来激励了演出队。当时来观看演出的不仅有普通的观众，热爱京剧的戏迷，还有很多专业演出团纷纷过来观摩学习，他们不放过一点点时间，经常在小分队演出的间隙当面求教。说实话，那种演出的强度是很大的，队里几个演员都病倒了。刘长瑜则扁桃体化脓，忍痛坚持才演完了20余场。王晶华也病倒了，一连几天高烧不退，她也是一想到票都售出了，不忍让观众失望，抱病坚持演出。寇春华跟刘长瑜是老搭档，《春草闯堂》和其他剧目都少不了他，场场不落，完完整整演出25场。黄占生在此期间接到岳母病逝的电报，为了不影响演出，强忍悲痛，坚持完成了任务。那时候就是这样，演出队深入到群众中间，感觉到人民群众对京剧、对文化的渴望与需求，演出也充满了动力。

1985年4月，《戏剧报》报道，刘长瑜一行应湖北荆门市京剧团之邀，由她和寇春华、刘学钦、刘大可、耿巧云5位演员及乐队共11人组成演出小组，到荆门等地进行演出和教学。演出队沿江而上，先到的荆门、沙市，然后是武汉。演出剧目包括《春草闯堂》《金玉奴》《辛安驿》《卖水》《平贵别窑》，演出很受欢迎。而刘长瑜每次演出后一定会加演一段《红灯记》，观众们很热情，有的是从很远的村庄特意赶来看戏，给演出队送匾、送锦旗、送书法、送字画。演出队去哪儿演出都是既获得了广大观众的认可，丰富了当地的文化生活，也增加了当地

---

[1] 陈慧敏，剧团体制改革的又一探索——中国京剧院试验外出合作演出小分队，《戏剧报》，1984.2.15.

合作剧团的经济效益，而受邀去演出的队员们也都受到了极高的礼遇。著名汉剧表演艺术家陈伯华先生亲自到场观剧并与大伙儿见面。先生对刘长瑜的表演也给予了鼓励，说她是"扮相甜""嗓子甜""表演甜"，最后给了一个昵称"甜甜"，要把自己的艺名"小牡丹花"送给刘长瑜。老前辈们对戏剧事业是很关注的，对艺术人才也是相当重视的，他们毫不吝啬地给予演出队表扬与肯定，鼓励大家为戏曲事业出人出戏。这样的活动不仅锻炼了队伍，也与地方院团结下了深厚的友谊，搭建了相互学习交流的平台。荆门京剧团的演员平均年龄只有20多岁，大家都是年轻人，虽然底子较薄，但积极肯学，工作热情很高，在一起相互受益。

:: 湖北荆门之行，前排左起耿巧云、刘长瑜、寇春华、李振芳、刘学钦。后排左起贾继华、白继云、张舜华、冯振霄

:: 下基层演出，李嘉林（饰演鲁智深）、刘长瑜（饰演春兰）、吴汝俊、袁世海（右一）等人合影

80年代，演出队除了在北京演出外，每年要抽出不少时间到外地演出，特别是到工厂、矿山为工人们演出，这些演出都很受职工们的欢迎。1986年底，剧团到湖北十堰第二汽车制造厂演出，由于礼堂小，人员多，加上有的工人"三班倒"，不少工人看不到戏很着急，演出队很理解他们的心情，除了坚持晚上的正常演出外，还抽出休息时间专门来到车间现场进行演出。据刘长瑜回忆，舞台就是在两辆汽车之间搭起来的。车间演过后又听说餐厅的服务员没看上戏，他们晚上演完戏吃过夜餐后就接着为服务员们单独演唱。服务员见演出队深夜了还专门为他们演唱都很感动，其中一位女服务员拉着刘长瑜的手激动地说："您是著名的大演员，到工厂车间演出就很不简单了，没想到这么晚了还为我们演唱，我们也没错过机会，太谢谢您了。"

1987年6月，剧团到天津自行车厂、天津汽车厂演出，刘长瑜那时扭伤了脚，忍着巨痛参加了演出，观众们因为并不知情，演出结束后依然不肯离去，热烈的掌声久久不息。大伙也希望能为大家多演唱、多表演，观众盛情难却，刘长瑜虽然脚上有伤，也是一次又一次返场演唱，直到最后一拐一拐地从舞台上下来，观众们才如梦初醒，原来"铁梅"受伤了。

1987年8月，刘长瑜随团去岳阳长岭炼油厂演出时见到了一个"铁梅班"。厂领导介绍这个"铁梅班"人员虽然换了七八拨儿，但15年如一日，"红灯"的传统代代相传，这个"铁梅班"在企业建设中做出了很大成绩，是全国企业中的先进集体，也是全国"三八红旗班"。刘长瑜去看她们的时候这群小姑娘高兴地感叹真的铁梅来了，面对那些年轻的、热情洋溢的面庞，刘长瑜觉得她们是真正的铁梅，是伟大的革命事业接班人。在湖南长岭炼油厂演出的时候，剧组见缝插针重新整理修改了《花田错》。《花田错》是首届中国艺术节的参演剧目，因为剧目时长原来是90分钟，而艺术节演出要求是40分钟以内，为了把高质量的精神产品献给艺术节，刘长瑜和剧组的其他同志一起，就在湖南长岭炼油厂演出的间隙把这个剧目进行了重新修改和加工，结果在艺术节上的演出很成功。

刘长瑜热心公益事业。任中国京剧艺术基金会理事期间，她曾组织过抢救、挖掘京剧老艺术家资料的《谈艺说戏》录像录音工程等。作为这些重大项目的主要负责人，刘长瑜既是管理者，又是参与者，既是方案策划者，又是实施团队的核心成员。作为抢救挖掘京剧老艺术家资料的录像录音工程的发起者、策划者，她亲自筛选、沟通、联系各行当、各流派老艺术家，亲自登门拜访老艺术家，积极争取更多的艺术家参与其中，为京剧传承事业留下了不可复制的宝贵遗产，《谈艺说戏》拍了百余集，却没有留下她自己的教学、说戏景况，她总是说："先让年纪比我大的先生们说，先抢救他们的宝贵艺术。"

:: 基层演出

:: 1979年春到自卫反击战前线慰问伤员

:: 1979年到自卫反击战前线慰问解放军指战员

:: 下基层演出

:: 1987年10月24日山东袜子厂募集青年团团服演出 　　:: 下基层演出

第二章·演艺

文化交流

　　1963—1964年赴日本是刘长瑜第一次随团对外交流演出。在戏校的时候，她看到刘秀荣师姐等人出国，清一色身着旗袍，行头礼仪讲究，觉得光荣无比，很是羡慕，也暗下决心以师姐们为榜样，鼓励自己好好练功，将来争取有机会代表国家队演出。到了中国京剧院以后，她第一次赴日是担任《野猪林》主要配角林娘子和各种角色、龙套的表演工作。那次出行既在艺术上也在思想意识上给刘长瑜留下深刻印象。关于艺术，前文有所描述，主要是参演《野猪林》和《大闹天宫》等剧目的出国排练，亲眼见证以李少春先生为代表的前辈艺术家在艺术上的造诣和严格要求，而在意识层面上，则主要来自观剧华侨的感染。

:: 1963年末至1964年初赴日本演出

:: 赴日本演出交流

当时中日两国还没有正式建交，剧院的演出算是民间交流。演出之后曾有座谈活动，一位在日本教书的黄先生给刘长瑜留下了很深的印象。这位黄先生供职的日本学校的同事之前并不知道他是中国人，剧团赴日本演出，正好他与同事们一起观演，在同事们得知他是中国人后，很激动地就把他抬起来抛高，因为大家觉得演出很精彩，情绪都很激动，他们为精彩的演出鼓掌，为身边人正是中国人而振奋。同事们觉得中国很伟大，黄先生也为自己是中国人而理直气壮，祖国的强大、文化的自信给了他尊严。刘长瑜对这位黄先生记忆犹新，与海外同胞们的共鸣也让她深深体会到，祖国的繁荣富强，艺术的精湛优美，是我们自立于世界民族之林的底气。所以每次出访演出，对于文化艺术工作者来说并不是一般地展示一下某种艺术的魅力，而是在把中华民族优秀的文化介绍给世界人民的同时，传播中华民族的传统美德和美学精神，同时也是和世界人民、华人华侨的一种感情沟通。

:: 刘长瑜、张薇莉在日本演出合影

1979年，剧院去香港演出，刘长瑜演的是《春草闯堂》《辛安驿》和《卖水》。她在香港的演出可以用"轰动"来形容。之前香港看京剧主要是台湾的，大陆有段时间没去演出，所以剧院的这次香港之行引发了广泛关注。《杨门女将》《春草闯堂》《龙凤呈祥》《失空斩》等戏都受到欢迎。当时中国京剧院行当齐全，新星闪亮，一线人才都是新中国成立后由中国戏校培养成长起来的一代新人。他们在舞台上光彩照人，演出取得了非常好的效果。香港同胞极为振奋的同时，也与剧团成员结下深厚友谊，有些至今与刘长瑜等人保持联系。

:: 1979年参加香港文化艺术交流

:: 香港演出，左起宋小川、刘长瑜、袁世海、刁丽、杜近芳、张学津

:: 香港演出，《金玉奴》刘长瑜饰演金玉奴、刘学钦饰演莫稽

:: 香港文化艺术交流演出

:: 香港演出，左起李和声、刘长瑜、李尤婉云

第二章·演艺　229

∷ 香港演出，左起张学津、厉慧良、袁世海、刘长瑜 　　∷ 与香港粤剧名家合影

∷ 香港文化艺术交流

1992年剧团赴台湾演出，剧目选的主要是新中国成立以后排的新戏。杜近芳老师带刁丽演的是《白蛇传》，袁世海先生带了"横槊赋诗"的《群英会》，还有刘长瑜的《春草闯堂》，等等，剧目令人耳目一新，还有一些带去的传统戏也是经过再加工、再体现的提高之作。从人员配备上，前辈杜近芳、袁世海，中年杨秋玲、刘长瑜，年轻演员刁丽、于魁智、江其虎等，老、中、青三结合，效果很好，《群英会》《春草闯当》等都翻头再演，在台湾引起了轰动。1992年5月的这次赴台演出，刘长瑜是主力之一，由她主演的《春草闯堂》《桃花村》很受欢迎，她与台湾同行合作演出的《四郎探母》也获得赞誉，甚至传开了"第一花旦"的美誉。演出过程中，剧团与张学良、辜振甫等各界人士交流。

∷ 《春草闯堂》台湾文化艺术交流演出和观众合影

刘长瑜在担任中国京剧艺术基金会总理事期间，亲任团长，组织中国京剧艺术团4次赴港澳演出，组织中国少年京剧艺术团4次赴港澳演出。1992年，剧团从台湾回来以后，刘长瑜马不停蹄地跟随中国京剧艺术基金会访问团赴香港演出，专程对为基金会慷慨捐资的香港各界知名人士进行答谢。双方交流很好，香港各界一致表示今后将鼎力支持弘扬民族文化、振兴京剧艺术活动。

2005年11月8日，刘长瑜受邀参加"2005·南宁"中国－东南亚京剧爱好者国际演唱会，并在明园大礼堂给广西的京剧爱好者进行了一场互动讲学活动。

《红灯记》访美文化艺术交流演出

:: 文化艺术交流

:: 文化艺术交流

:: 与外国友人谈京剧现代戏，郭瑞、阿甲、袁世海、杜近芳、刘长瑜、曲素英等参会

::带青年团赴欧洲四国文化艺术交流演出

::带青年团赴英国文化艺术交流演出

:: 中泰文化艺术交流演出

:: 澳大利亚文化艺术交流演出

:: 文化艺术交流

:: 文化艺术交流

【第三章】授艺

第一节
让台搭台

  刘长瑜一直是单纯的演员,刚开始让她当副院长时她是不愿意的。而一旦决定接任副院长后,她就下定决心彻底不上台了。"当官"是刘长瑜人生阶段的一次重新成长,也是完善她人格的又一个重要阶段。与刘长瑜共事的同事,尤其是那些给予过她艺术指导的前辈们都夸她聪明,会演戏,有灵气,悟性高,但这些都是针对当演员的刘长瑜说的,她自知当领导与做演员那是两回事,两种功。当惯了演员,练功、排戏、演戏很单纯,驾轻就熟,把戏演好就成了,别人做什么与我有什么相关。但当领导就不是这样了,要考虑的问题多了,眼光要远了,心胸要开阔了,不能只着眼于自己的艺术怎么样,而是要考虑剧院的整体艺术发展,要思考如何调动其他所有演职员的艺术生产力,要了解中央精神,了解政策,了解大局。从演员到院团管理者,她得转换角色,在实践中不断提高。当副院长不是简单事,除了解国家大计方针、文艺政策,还要面对纷繁的人际关系,要带动京剧院这个庞大的机器运转起来就要各司其职,把人员安排好,出戏出人。那时候,刘长瑜已过了知天命之年,名利荣誉如过眼云烟,她就想踏踏实实定下心来做现阶段力所能及的事情。

  20世纪90年代中期,伴随着剧院体制的改革,文化部从发展京剧大业的目标考虑,决定重新组建中国京剧院青年团。可这副担子让谁挑呢?也许大家都想到了她。得到这个消息以后,她还是很犯难的,这明摆着是一个既累人又熬人的重担子,现实情况是,京剧界的大部分年轻人由于近年演出任务太少,业务大都荒疏了,有的甚至都快变成外行了。如何重新激发起他们对京剧的热情?怎样让他们中间尽快脱颖出拔尖的人才?这是要倾注大量的精力和心血的事业,艺术团体经费短缺,京剧团更是如此。不仅缺钱缺物,她挨千叮甚至连个起码的食堂和练功室都没有，在这种情况下要带出一个业务上响当当的青年京剧团，真是比登天还难。这副重担到底挑还是不挑？在一段时间里，刘长瑜与同在京剧院工作的丈夫白继云反复思考，反复研究，最后下定决心，还是挑吧。作为新中国培养的第一代京剧演员，作为当今中国京剧界的业务力量，她自知对京剧事业的发展有着义不容辞的责任。

刘长瑜进入管理工作的时候，剧院正经历着前所未有的改革。当时院里流行"自由恋爱"一说，就是演职员都打乱了原有格局，大家自由组合。这个问题有段时间一直没有理顺，但大多数同志对京剧和剧院都有着热爱之心，经过磨合，刘长瑜逐渐开始业务建设。20 世纪 80 年代初，中国戏曲学院第一届大专毕业生及中专毕业生分配到剧院工作，刘长瑜发现其中有很多优秀人才，如老生陈俊、花脸刘琢瑜、青衣刁丽、武生脱志国、武旦田冰、花旦耿巧云等。当年，曾由于光等老团长带队，组建了三合一演出团，到河南、河北一带演出，一团有冯志孝，四团有张曼玲，还有刘长瑜和新毕业分配来的年轻同人们。刘长瑜除了要主演一些剧目，她还为年轻的同人们垫自己的拿手戏作为开场，为他们站台，扩大他们的影响，让他们逐渐被观众所接受、认可和喜爱。通过演出，她为剧院的人才梯队建设做出贡献。

1994 年 4 月 4 日，有着 87 位成员的中国京剧青年团正式成立，出于剧团管理方面的考虑，刘长瑜推荐戴英禄为团长，白继云等为副团长，她任名誉团长。因为是演员出身，她理解演员的甘苦与辛酸，知道演员跑圆场什么时候想喝口水，什么时候想攥把汗，她知道怎么样当一名知心的服务员，总是不失时机地恰到好处地递口水，送块毛巾，让演员舒舒服服演戏。刘长瑜主要抓青年团，最要紧的是人才培养。培养京剧人才一是越早越好，十岁左右开始练，基本功扎实，记得瓷实；二是舞台实践很重要，学到、练到的功夫一定要在舞台上实践，人们常讲实践出真知，京剧人才的培养也是这样。她就是在政府、师长的培养下一路走来的，深深体会到京剧表演人才的培养不易。

剧团的管理工作要讲究方式方法，既活泼而又不失严谨，既随和而又不失方圆，只有把团里的年轻演员当作自己的子女一样去呵护、去管理，才有可能成功。作为演员，刘长瑜是深深理解演员的。演员的生活规律不同于常人，晚上演出，早上难免贪睡。刚开始排练时总有人迟到，等你一会儿，等他一会儿，一台戏就得泡汤。之前，批评教育肯定是要有的：你不是迟到了吗？先一边站着。为什么迟到？你困，别人就不困，让大家等你一个人，你好意思吗？批评完了，她又能体谅大家：晚上演出睡得很晚，早上还要很早上班，大家住得离团址又很远，早上即使起得很早，赶上上班高峰时间碰上堵车，紧赶慢赶也难免会迟到，于是在排戏紧张时，团里就把上班的时间改为下午1点半到晚上9点半，这样既保证演员有充足的睡眠，又不耽误排戏。这也是她自己作为演员，从演员的立场出发来调整管理方式，有的放矢，讲求实效。

当然，抓剧团管理最要紧的还是抓紧培养新人。青年团演员中有的多年上不了台，不是因为他们不能演戏，而仅仅是因为太年轻，一个剧院的戏有限，而挑剔的观众又总是把眼光投向名角名人，市场规律谁也不能违背，但是名角名人也是从默默无闻中演过来的。要发展京剧艺术，要造就更多的艺术人才，就得先有好戏可演才行，于是演了大半辈子戏的刘长瑜千方百计地组织大家排戏、演戏，北京演不了就跑到外地演，有条件时还要到国外去演，其实她也担心票房，但是她心里有数，不行的话就押上自己演个压轴戏，或者垫个场。

当然，她主要还是想带出一批能演压轴戏的人。为了实现这一目标，她和团里的其他领导一起尽心尽力地为自己的演员服务，乐于为他们做任何事。谁演出没有合适的衣服，她打开家里的大衣柜，让她们自己挑，看中哪件就拿。外出演戏，几个团领导合住一间剧场的简易房，演员们去住旅店，挑大梁的住单间或双人间，有的演员不服气，她就指着团领导住的房间说，老同志的艺术成就你们无法比吧，可他们住的比你们还差，你自己掂量掂量，你该住哪儿？调皮捣蛋的人也就不挑理了，转身排戏去了。从剧院演职员利益出发，她尽其所能做一些应该做的、力所能及的工作，包括院址的选定，以及梅兰芳大剧院的建设，等等。她总说："我不一定能把事情做得都非常完善，但是我很努力，做得不完善别人批评我，我也接受，自己心里踏实。我是出自对于剧院的热爱，对党和国家培养我的一种感恩回报，希望搭好剧院的人才梯队，传承剧院的艺术风格，不负剧院导向性、示范性、代表性的使命，我努力了就够了。"

刘长瑜从事京剧艺术事业六七十年，她不仅是一线著名表演艺术家，同时，还担任过国家京剧院常务副院长、青年团团长、艺术指导委员会顾问，以及中国京剧艺术基金会理事等职，她积极思考京剧事业发展的问题，调查研究，建言献策，她的提案或建议往往高屋建瓴，有高度、有深度，又切合整个行业实际，具有可操作性。

:: 参加人民代表大会

第三章·授艺

第二节
桃李天下

刘长瑜演艺精彩,却早早主动让台,在退出一线和领导之职后,又长期担当老师,兢兢业业地"为老祖宗传艺"。她是"青研班""流派班"资深教授,是国家京剧院众多花旦的老师,也是各大院团争相抢夺、"一对一"重点培养人才的最佳师资,她的学生遍及全国各地,春风化雨,桃李芬芳。

从早年演出间隙开始教戏,到退出一线后的大部分时间,刘长瑜都在兢兢业业地传道授艺。在家里,在剧院排练厅,在各大院团,在戏曲学院等学校,刘长瑜没有节假日,平时忙,节假日更忙。节假日里学生们都有时间了,挨个儿地上老师家"吃小灶",一拨学生走了,下一拨又来了,一茬接一茬,一批接一批。功成名就的学生来她家回炉,新蕊绽放的学生上她家求提高,还有自身条件很好、苦于没有良师的学生,也纷纷请求她开蒙,她都会欣然应允,根据学生条件因材施教,让学生学对路,学有所成。她教学生学戏,教学生做人。她以最认真的态度、最负责的精神严格要求自己,教戏她比学生来得还早,烂熟于胸的剧目她花很多时间整理出很长的文稿,条理清晰,说理通俗,按她自己的话说:"现在,你知道还不成,你得想尽一切办法让学生知道,你不仅是演员,主要你还是老师了,你的语言不生动,你的例证不鲜明,那学生不爱听,听不明白,那就不行。而对于我自己,这也是一个教学相长的过程,我把每次教学都当成一种总结,一种新的提高,我要求自己与学生一起进步,绞尽脑汁让学生们更快、更好地进入角色。"她因材施教,按照学生的具体情况制订教学计划,她给文戏学生列出武戏观摩清单和武功技巧训练自修课程,及时督促,按时检查。只要学生肯学,她都倾囊相授。刘长瑜亲自组织了两届全国艺术院校京剧表演专业中青年教师教学交流展示活动，她担任教师并担当汇报演出主持人。她平时为研究生班学员上课，为京剧院徒弟排戏，暑假期间，她又牺牲个人时间，抓紧为青年教师上课。她说："只有教课的老师素质提高了，他们的能力强了，京剧事业才能从根上解决人才问题，这件事刻不容缓啊！"

刘长瑜之前受益于先生们的教导，艺术成长之路一直有人引领，少走了很多弯路，所以她在年纪渐长后也带过不少徒弟，培养过很多"铁梅"和"春草"，也教过不少别的戏，她一心想把先生们以前教她的用在下一代身上，带着她们学，带着她们演。学生们有拜师的，也有并未拜师却长期跟随她学戏的，她都认真教，现如今也真可谓桃李满天下，春晖遍四方。

我替现在年轻的演员们、孩子们感到高兴，你们碰上了好时代，遇见了好领导。从大环境来说，党和国家一直高度重视优秀传统文化建设工作。大家都很关心我们的百日集训，关心青年人的成长。同志们，你们遇上了一个好时代！

回想当年，由大艺术家、老师们带着演，这是剧院的传统，我们就是这么出来的，这是京剧教学口传心授的艺术规律，上哪里去找这样一对一的教学培养啊！剧院组织集体拜师，拜师培养之后，剧院又安排专场演出和专家研讨，可以说是前前后后整套的一条龙贴心服务，手把手地助推你们成长成才，这是多么幸运的事，多么幸福的事！

在拜师仪式上我说过，我从艺71年，到国家京剧院工作也已61年，真的是差点数次落泪，但这是欢喜的泪，我为你们这些青年人才高兴，也为京剧的传承发展而欢喜。院领导提倡的人才培养、拜师活动都是传承发扬京剧艺术的重要举措，是尊重艺术规律办的实事，相信在大家的共同努力下，京剧会越来越好，京剧艺术会世代相传，发扬光大！

回想起来，我这一生都与京剧紧密相连，可以说，父母给了我生命，而京剧赋予我生命的价值。我始终告诫自己要常怀感恩之心，积极努力地回报给予我生命价值的京剧。我今年80多了，更要竭力回报党和国家对我的培养，不辜负老师的教导和青年们的信任。因此，作为京剧院老员工，看到一代代的青年人才在不断成长，我特别感动，更加坚定要尽己所能地把所学所会最大限度地传授给现在的青年人，希望大家尽快成长，成梁成材，在教学中对人物又有新的感悟，教学相长。

80岁的老同志与诸君共勉！

——摘自刘长瑜在2023年国家京剧院青年团成立大会上的讲话

"参加梅兰芳金奖大赛，我像小学生走进考堂。当我得知有十余万观众投了我的票，使我荣幸地名列榜首时，心里是十分不平静的。我深知，我的成功，实在是集体的成功，我更深知，评委和广大观众对我的厚爱，其实是对于我们民族的珠宝——京剧的厚爱。没有许许多多前辈京剧艺术家，包括直接授业予我的恩师们的艰苦创业，我哪里来的这份殊荣？！我实在是站在前辈们的肩膀上往前攀登的。"

——摘自：刘长瑜获得梅兰芳金奖大赛榜首后接受《人民日报》采访
1993年2月2日《人民日报》第8版

:: 首届梅兰芳金奖大赛榜首留影

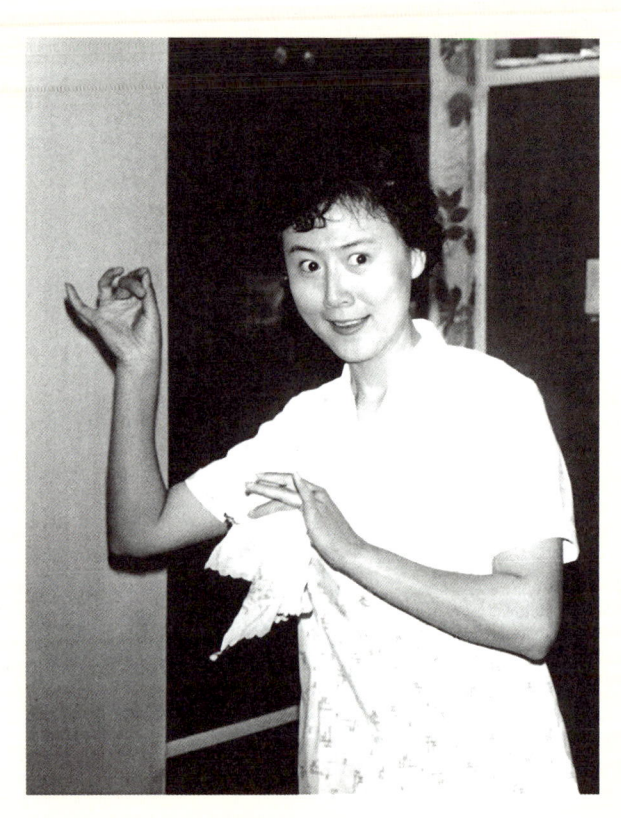

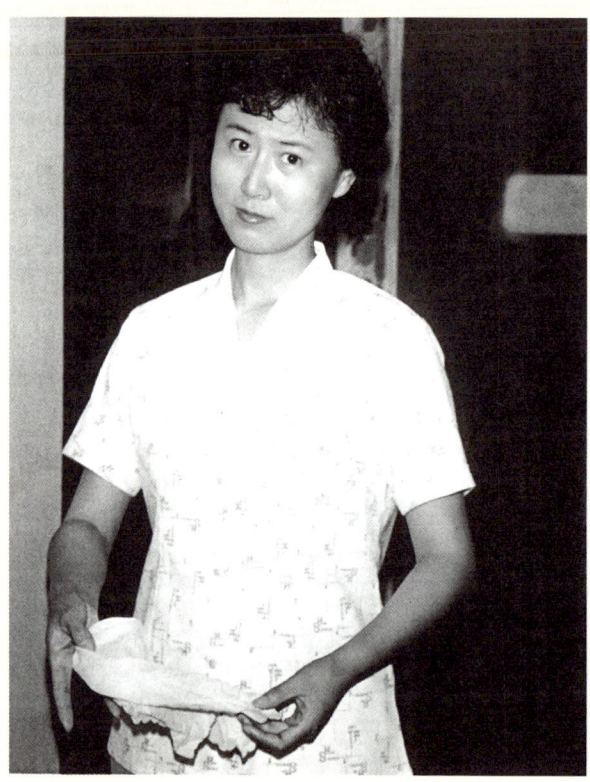

∷ 1979 年在香港接受采访时讲授动作要领

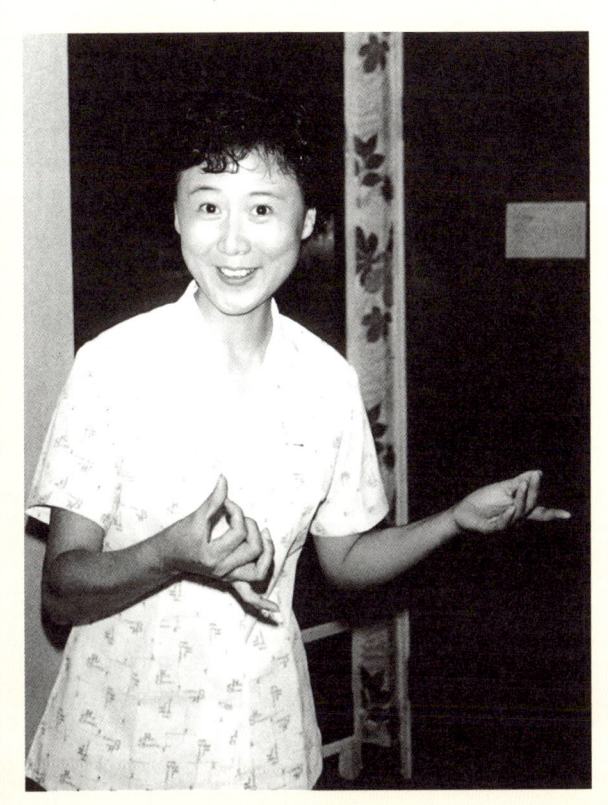

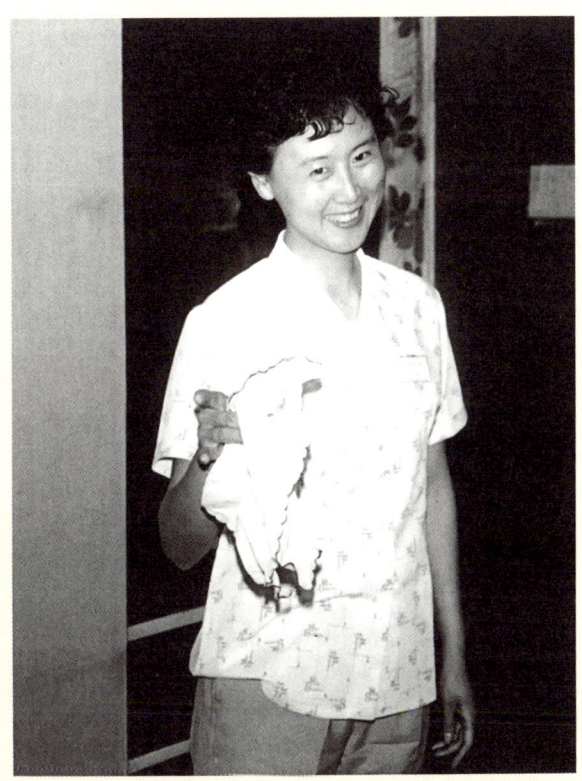

:: 1979年在香港接受采访时讲授动作要领

第三章·授艺 249

:: 1960年与山西临汾蒲剧院同人合影，摄于中国戏曲学校

:: 与戏校学生合影

∷ 刘长瑜早年教学

:: 刘长瑜早年教学，许亮亮、刘长瑜

:: 刘长瑜早年教学

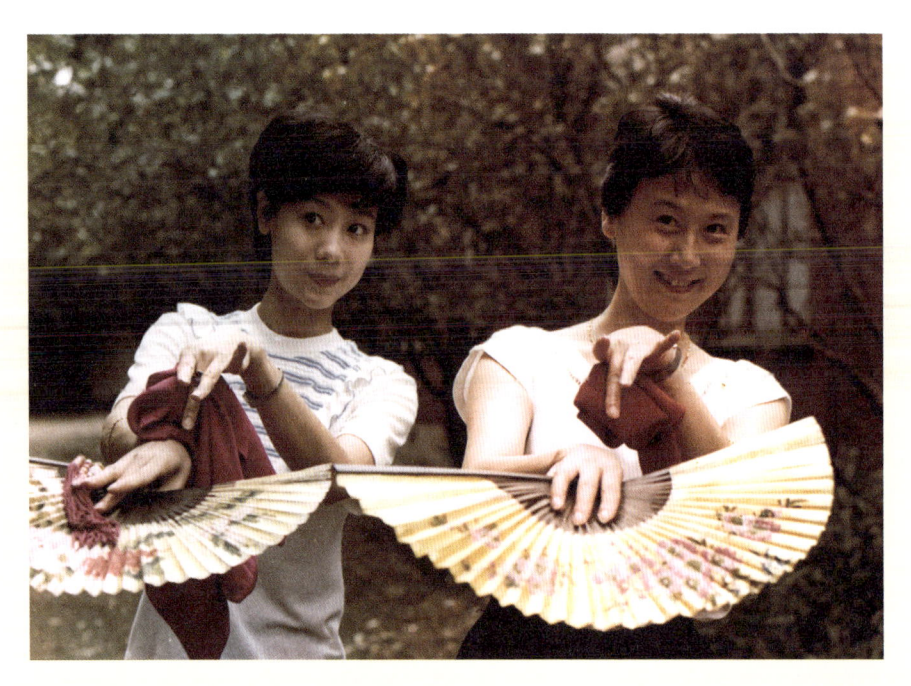

:: 刘长瑜早年教学，高素素、刘长瑜

:: 刘长瑜与哥仔戏班女同学合影

:: 1996年10月上海"新苗杯"比赛合影

∷ 左起许亮亮（湖北院团）、李艳春（潍坊京剧团）、高素素（山东省京剧院）、刘长瑜、耿巧云（中国京剧院）、李兰萍（湖北省京剧院）、赵玉华（石家庄市京剧团）合影

:: 与众学生合影

∷ 邀请李金泉指导《北国红菇娘》

∷ 邀请厲主群先生指导青年团

吕慧敏　1994年拜刘长瑜为师

　　工花旦、花衫，国家一级演员，中国戏剧家协会会员。毕业于中国戏曲学院表演系首届本科班、第三届中国京剧优秀青年演员研究生班、首届中国京剧流派艺术研习班。先后受教于张正芳、陈国为、吕兆芳、沈世华、艾美君、阎桂祥、赵乃华、刘琪、李金鸿、王小蓉、于玉蘅、宋长荣等。

　　擅演剧目：《挂画》《卖水》《拾玉镯》《小放牛》《廉锦枫》《小上坟》《坐宫》《活捉三郎》《游龙戏凤》《大登殿》《辛安驿》《桃花村》《春草闯堂》《金玉奴》《荀灌娘》《全部乌龙院》《勘玉钏》《香罗带》《霍小玉》《红娘》《红灯记》《红楼二尤》以及《杨门女将》（饰演杨文广）、《智取威虎山》（饰演小常宝）等。创排了《夜莺》《乌纱记》《血胆玛瑙》《襄阳米颠》等。

　　"像音像"工程录制《香罗带》和《红鬃烈马》。

　　先后荣获第一届全国青年京剧演员电视大赛"荧屏奖"；全国首届昆曲大赛"优秀表演奖"；1996年参加中国京剧院重点剧目《北国红菇娘》创作演出，获文化部新剧目会演"优秀表演奖"和中宣部精神文明"五个一工程奖"；2001年荣获中央电视台"哈药六杯"全国青年京剧演员电视大赛"优秀表演奖"；2007年荣获中宣部第十届精神文明"五个一工程"入选作品奖。

　　多次随团出访法国、美国、德国、意大利、瑞士等，为文化交流做出贡献。

:: 吕慧敏与刘长瑜　　　　　　　　　　　:: 吕慧敏拜师刘长瑜

耿巧云　1996年拜刘长瑜为师

工花旦，国家一级演员，全国青联委员，中国戏剧家协会会员，首届中国京剧优秀青年演员研究生班研究生。先后受教于宋长荣、张正芳、于玉蘅、张逸娟、秦雪玲等。

多次出访日本、韩国、澳大利亚、美国、加拿大等，受到国内外友人热烈欢迎与好评。

擅演剧目：《红灯记》《春草闯堂》《红娘》《桃花村》《卖水》《辛安驿》《女驸马》《香罗帕》《秋江》《拾玉镯》《泸水彝山》《叶含嫣》《柜中缘》等。

曾荣获第十八届中国戏剧"梅花奖"、个人表演"文华奖"、全国展演"一等奖"、全国青年京剧演员电视大赛"最佳表演奖"（旦角组榜首）、2012年加拿大十佳优雅女性奖、2013年加拿大十佳杰出女性奖、2015年加拿大妇女联合会荣誉主席、2017年第五届齐鲁英才"十佳年度人物奖"。

2008年至今，在美国、加拿大一直致力于传播京剧艺术，特聘"温哥华京剧研习社"艺术顾问。

2019年、2020年先后参加"像音像"工程，录制主演《卖水》《辛安驿》《春草闯堂》。

:: 耿巧云与刘长瑜

巩丽娟　2010年拜刘长瑜为师

工花旦，国家一级演员。毕业于中国戏曲学院，师从鲁岩、付正红、白玉玲、沈健瑾、刘秀荣、宋长荣等。

擅演剧目：《桃花村》《红灯记》《春草闯堂》《红娘》《卖水》《游龙戏凤》《拾玉镯》等。

:: 巩丽娟与刘长瑜

:: 左起刘长瑜、巩丽娟、白继云

陈静　拜刘长瑜、孙毓敏为师

工花旦，国家一级演员。毕业于中国戏曲学院。第五届中国京剧优秀青年演员研究生班研究生。师从宋长荣、刘琪、宋丹菊、白玉玲、李鸣艳等。

擅演剧目：《红娘》《红灯记》《春草闯堂》《桃花村》《红楼二尤》《金玉奴》《勘玉钏》《辛安驿》《游龙戏凤》《卖水》《拾玉镯》《挂画》《小放牛》《小上坟》《秋江》《坐楼杀惜》等。

荣获CCTV第六届全国青年京剧演员电视大赛金奖。

荣获第五届世界华人艺术节戏曲专场比赛金奖，并荣获"世界华人之星"称号。

:: 陈静与刘长瑜

张译心 2012年拜刘长瑜为师

工青衣、花旦，国家一级演员，文化部青联委员。

常演剧目：《春草闯堂》《游龙戏凤》《桃花村》《金玉奴》《红灯记》《谢瑶环》《宇宙锋》《廉锦枫》《卖水》《霸王别姬》《天女散花》《红鬃烈马》《四郎探母》《打渔杀家》《秋江》等。

曾荣获全国戏曲、戏剧比赛"青年主角"一等奖；文化部团委、文化部青联"优秀青年奖"等。

:: 张译心与刘长瑜

张佳春　拜宋长荣、刘长瑜、沈健瑾为师

国家一级演员，首届艺术硕士（MFA），第五届中国京剧优秀青年演员研究生班研究生。

常演剧目：《红灯记》《春草闯堂》《桃花村》《卓文君》《霍小玉》《钗头凤》《杜十娘》《荀灌娘》《百花赠剑》《柜中缘》《游龙戏凤》《金玉奴》，以及实验京剧《浮士德》《杜兰朵公主》等，曾参加《五女拜寿》《丝路长歌》《2020和你在一起》等重点剧目排演，担当各类重要角色。

曾荣获第31届中国戏剧梅花奖、第31届上海白玉兰戏剧表演艺术主角奖、CCTV第六届全国青年京剧演员电视大赛金奖（榜首）、第四届中国戏剧红梅大赛金奖、世界华人艺术节金奖、文化和旅游部"青年岗位能手"称号、文化和旅游部全国戏曲领军人才等。

:: 张佳春与刘长瑜

李晨　2016 年拜刘长瑜为师

　　工花旦，毕业于中国戏曲学院。师从宋长荣、刘琪、宋丹菊、赵乃华、张艳红、刘淑云、李艳艳、王晓燕、张涓、吕慧敏、张威等。

　　常演剧目：《红灯记》《春草闯堂》《红娘》《桃花村》《游龙戏凤》《卖水》《金玉奴》《秋江》等。参加新编京剧《三打白骨精》《曙色紫禁城》等的创排演出。

　　曾荣获首届青年京剧演员大会"优秀表演演员奖"。

　　"新苗杯"一等奖、"少儿京剧小梅花"银奖。

:: 李晨与刘长瑜

王珺 受教于刘长瑜

国家京剧院演员,工花旦、花衫,毕业于中国戏曲学院,硕士研究生。

师从李砚萍、土志怡、张晶、张娟、王晓燕等。

常演剧目:《卖水》《辛安驿》《苏小妹》《秋江》《游龙戏凤》《智取威虎山》等。曾参演《红军故事》《老阿姨》《横空出世》《主角》等,担当各类重要角色。

入选国家京剧院拔尖人才,2022年举办"一片珺艺开"王珺个人专场演出。

∷ 王珺与刘长瑜

管波　受教于刘长瑜

工花旦，国家一级演员。毕业于第二届中国京剧优秀青年演员研究生班，中国音乐学院、北京师范大学客座教授。

2006年，在北京保利剧院成功举办了"菊苑寻香比翼飞"交响音乐会。

2016年，担任大型京剧交响史诗音乐剧《水火之恋》总导演。

出版《"得角色之心、传人物之神"——兼论角色创造与行当流派的关系》论文。

2022年，参加第18届中美电影电视节，导演作品《静夜思》荣获"金天使奖"；荣获中华文化世界传播奖。

2022年，参加第七届中国微电影表彰盛典，导演作品《月下独酌》荣获"优秀作品奖"。

2024年，在第七届美国传承杯国际艺术节获得最高荣誉"传承之光特殊贡献奖"。

:: 管波与刘长瑜

赵玉华
石家庄京剧团　1985 年拜师刘长瑜

李兰萍
湖北省京剧院　1985 年拜师刘长瑜

朱虹
北京京剧院　2008 年拜师刘长瑜

罗戎征
中国戏曲学院附属中等学校
2010 年拜师刘长瑜

索明芳
北京京剧院　2016年拜师刘长瑜

张艳红
中国戏曲学院　受教于刘长瑜

熊明霞
上海京剧院　受教于刘长瑜

王萌
北京京剧院　受教于刘长瑜

周芷如
上海京剧院　受教于刘长瑜

第三章·授艺

【余】
良匠采斫

1968年，刘长瑜、白继云结发为夫妻，从此艺海澜涛，在京剧艺术事业里共进退，肩荣辱，风雨共济，相伴同舟。白继云内里锦绣，博学多才，在剧院兢兢业业工作，在幕后踏踏实实参谋，良匠采斫，璞玉精雕，刘长瑜的艺术光华更加璀璨，熠熠成辉。说起老伴，刘长瑜总是难掩感激，点点滴滴，汇聚心头，一一泉涌。

:: 白继云、刘长瑜合影

:: 一家三口

:: 白继云、刘长瑜合影

第一节

梨园少年 江湖行走

白继云出身梨园行。父亲白云亭先生原是上海演员,文武兼备,"继云"之名即出自于其父。白家原住上海,后来国家西部开发,动员梨园行里人前往柴达木等地,称柴达木有"小上海"之誉,于是举家前往,后来又辗转落户青海省京剧团。

白继云从小耳濡目染,很喜欢戏,也立志学戏、演戏。他小小年纪就跟着父亲白云亭先生跑码头。白云亭先生功夫好,名望高,身边早有一帮"傍角儿"的先生,个个都是能耐大、要求严的好演员,白继云打小就跟着这些老师练功、唱戏。他学《界牌关》的时候就在堂桌上原地翻小翻,没 50 个是绝对不下来,由此可见,给他抄工的老师要求都特别严格,当然,也正是因为他们的严格,白继云才打下了瓷实的基本功,为他后来的演戏、编戏准备了基础。钱浩梁在中国戏校实验剧团排《界牌关》,白继云在天津配演时就是从下场门到舞台中央,跺子加 360°翻下,现在已很少看到如此高难度的表演。

有一位马鸿起老师(1979 年,刘长瑜去云南慰问自卫反击战战士的时候还见过他),那时 30 出头的年纪,也是傍着白云亭先生唱戏的好演员,嗓子也好,武功出众,是就着白继云练功学戏的老师之一,令白继云受益终身。白继云就由一帮老师带着,一边跑码头一边练功,一边学戏一边演出。

因为白云亭先生戏班的戏好,戏码也多,票房好,所以年年都有剧场邀约去江西演出,合同一签就是一两个月。20 世纪 50 年代去江西景德镇演出,白云亭先生坐船去江西,白继云作为晚辈,从小就跟着有能耐的先生们和装戏箱的那种"死胶皮轱辘"的排子车同行,

:: 白继云

戏箱下了火车就上排子车，白继云跟师父们走一路练一路，师父们走哪儿说哪儿，演什么教什么，因此白继云见多识广，学的本领杂且博，完全不受限制。老爷子白云亭先生自己是角儿，能戏特别多，文戏老生能唱麒派《徐策跑城》《扫松下书》《临江驿》《追韩信》等，花脸唱揉脸的包公戏《打銮驾》等，更兼各种翻打武戏《金钱豹》《驱车战将》等，可以说是一个文武兼备的全才演员。白继云就在去往江西等地演出途中一边看父亲的戏，一边跟着傍角的先生们广泛地学，可以说，他就是在这种艰苦的条件下完成了他的幼功训练。

第二节
老生打底 武生归行

1956年,白继云告别随家班演戏学戏的阶段,考入中国戏曲学校,成为五年级的插班生。梨园子弟,江湖行走若干年,历练较多,本领也较多,所以,考中国戏曲学校时直接插班进了五年级。

入校考试时的选考剧目是《文昭关》,吴炳璋先生拉琴,考试过程折了两根弦,大家都没想到他除了武功好,嗓子也这么好。因为嗓子好,戏校入学后他就归行先学习老生。白继云闲不住,一边学习老生,一边练武功,入学后也经常练,这一练本领就露出来了,以李光、李仲鸣为首的师兄弟们一看这基础,就跟学校报告了他的情况,于是他这个插班生又重新划归武生,学习武戏。

当时在学校都是一边练功,一边学戏的,学校课程安排中有武功等基本功的课程,尤其是配备了一拨专门管练基本功的老师,学生们基本功一天不落。这些管理学生练基本功的老师很有绝活,特别会"抄功"。比如,给学生抄功时会掐学生的后腰,轻轻一托,学生就自己使力上去。可是学生一般刚开始都有毛病,一上来就往后撞。有位叫满福山的老师就很有私房方法,很会帮助学生纠偏纠错。这位满福山先生本身功夫很好,曾陪着李少春先生演猴儿,少春先生的父亲李桂春先生对满先生都是另眼相看,特别关照的。这位先生在给白继云他们抄功的时候也很绝:他把头皮剃得很光,等隔了两三天长出头发楂了,遇上老往后撞的学生,他就用这个头发楂蹭,背一接触这头发楂,血印子就出来了,下次再练下意识地就怕了,也不敢往后撞了,久治不了的老毛病也都改了,很多不到位、不标准、不美观的动作也都一一纠正了。这还只是满福山先生的教学绝活儿之一,为了学生们练功出效果,先生们想尽各种办法,一一归置,出来的学生个个好看、规矩。基功课后,把子功、毯子功等接着全面练习，这些一般安排在上午，上短剧课。白继云练功在中国戏曲学校也是出名的，大家都知道他在五楼拿大顶的事，不小心就要丢身家性命地练功。

学校教学的先生都是顶尖的老师。因为白继云是老生入的校，所以先跟着陈斌雨先生学《辕门斩子》，后来因为改回武戏，就跟孙盛武、张毓亭等先生学武戏。

第一出是跟着张毓亭先生学的《金钱豹》，以前都没有学生学演过，张毓亭先生本工武生，官称"小胡张"。白继云跟张先生学这出戏也是有来历的，他在考入戏校之前就具备了演这出戏的一些比较绝的基本功。白继云还在山东济南的时候，跟一位老先生学过"耍叉"。山东的那位老师是当地的"耍叉大王"。那时济南有个大观园，类似北京的天桥，这位"耍叉大王"是个武术家，有一外号，人称"一撮毛"。那会济南市的工、农、商、学、兵差不多都会耍叉，而且早上起来以后都上"耍叉大王"那儿耍叉去，相当于强身健体。白云亭先生正好在大众剧场演出，离大观园很近，于是白继云就跟着这位"耍叉大王"学耍叉。因此，到了中国戏校以后的第一出学演剧目就是《金钱豹》，也亏他的基本功瓷实过硬，所以除了他之前也没人学。

之后跟傅德威先生学习《铁笼山》，后又跟孙盛云先生学《恶虎村》，头戴硬罗帽，脚踩厚底靴，扮演黄天霸。那时中国戏校每天至少开3台戏，白继云学完之后就实习演出了。

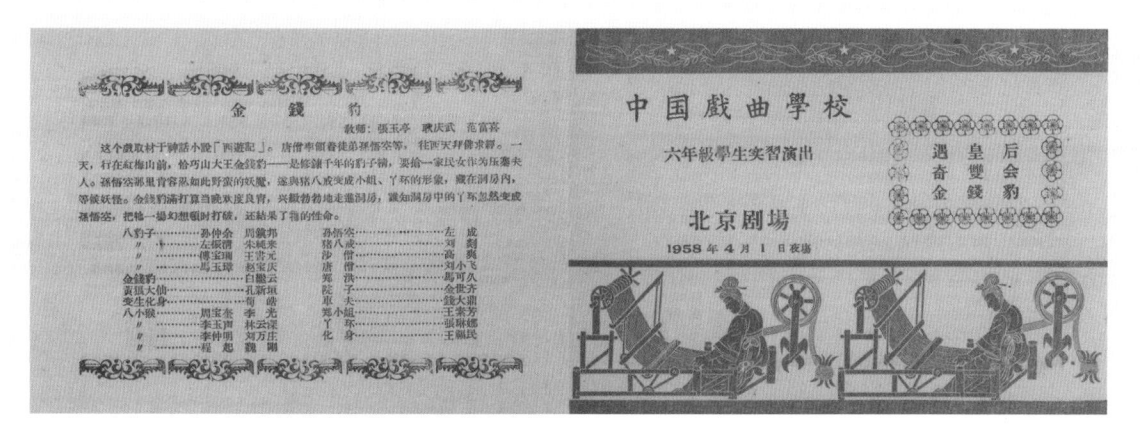

:: 1958年4月1日中国戏曲学校六年级学生实习演出节目单，白继云饰演金钱豹

第三节

珠联璧合 幕后编创

白继云、刘长瑜从戏校毕业之后，都分到实验剧团。大约在1962年，因为在外地演出特别轰动，杜近芳先生他们参加新侨会议时特别建言，说这么好的一批演员，应该争取到中国京剧院去。于是，刘长瑜、白继云、张曼玲、钱浩梁、曲素英等一行17人就分配到了中国京剧院。刘长瑜和白继云于1968年结婚，他们刚分到中国京剧院时并不在一个团，

:: 白继云与中国戏校实验剧团同事合影

各自在各自的团里从事业务工作。白继云好学，爱钻研，常看戏，尤其是李少春、张云溪、张春华等先生的戏看得多。他除了完成各剧组的演出任务，还经常和一帮志同道合的同事在一起，琢磨编排，从事着技导工作，他的编创能力也正是在这个时候积累起来的。

中国京剧院彼时演出期间不分团，主要是两个剧组，称一队、二队，一队是《红色娘子军》剧组，二队是《红灯记》剧组。刘长瑜在《红灯记》剧组，白继云在《红色娘子军》剧组。俩人在艺术上都是幸运的，刘长瑜在《红灯记》剧组有李少春、李金泉、阿甲等先生带着。《红色娘子军》编剧阎肃，李少春先生、张君秋先生等是创作组的主要成员，白继云和夏永泉、李景德、王春喜、刘世翔、罗喜钧、李明德等二团的武戏演员也一起参加了创作组，主要负责一些武打场面的编排。二团的这批同志原来一直跟着李和曾先生、张云溪先生、张春华先生演出，会戏很多，而且以武戏为主，所以，他们的编排能力很好。白继云进入

:: 刘长瑜在河南信阳与四团部分同事合影

《红色娘子军》剧组后,先跟着创作组去了海南深入生活,访问老娘子军,体验当地环境,回来后很快投入排练与创作。

京剧的《红色娘子军》在芭蕾舞剧《红色娘子军》之后。白继云他们在编排武打的时候,比如说后面的开打,既借鉴了芭蕾舞团样式,也对两种艺术进行了深入细致的甄别,尤其是对各处编排的京剧化狠下了一番功夫。因为京剧不同于芭蕾舞讲求身体的舒展,动作上的各种大跳,白继云他们这个编排组就想方设法特意把道具改成了红缨枪,因为"耍枪"是京剧把子的强项,是很地道的京剧开打,他们怎么编怎么好看。后面追击的时候,芭蕾舞用的一溜大跳,京剧肯定是玩不了的,也不是京剧特色,于是白继云他们就用京剧擅长的翻、打、扑、跌等技巧进行编排,其中娘子军用的一连串的翻身,女演员的串翻身节奏很快,很出效果,同样的"乘胜追击",不一样的表现形式,却又一样地精彩非常。整个京剧排练过程就是没完没了地不停修改的过程。舞剧不张嘴,主要以演员的肢体语言来表现,京剧不一样,京剧讲唱、念、做、打,样样要到位,这就是艺术形式之间的转化,只有真正实现了转化,才能真正做到各美其美。

《红色娘子军》拍电影的时候还出了一件事。拍电影之前创作组全体先开了一个创作会,白继云他们基本上是通宵讨论,而白继云除了创作组工作之外,还在剧中兼着一个角色,表演中有垛子抢背之类的技巧,相当于当晚创作讨论后第二天紧着开工,虽然白继云当时也很圆满地完成了场上的技巧表演,之后却直接晕倒了。老先生回想起来,感觉通宵达旦工作后再完成那些动作,其实都是在无意识的状态下完成的,好像本能一样。大家看他翻得挺好,以为他没事,其实他那时都没有什么意识了,完全是靠着原来的惯性完成了动作拍摄。

《夜渡》是剧院为了庆祝中华人民共和国成立三十年,特别献礼编排的一个武戏。编剧也是阎肃先生,音乐是戴宏威、张建民等。因为这出戏以解放军百万雄师过长江,解放全中国为背景,编排以"渡江"为核心。白继云在剧中担任了伪排长这个角色,并且与罗喜钧等人一起进入了创作组,武戏创作组由谷春章牵头,大家都承担了编排任务。这个戏别看时间不长,但玩意儿特别多,是一出非常精彩的武戏。

白继云非常聪明,乐感也好,在传统戏的整理过程中,他也贡献了自己独特的思考与创作。《盗草》是《白蛇传》中的一折,也是单独演出的独立武旦戏。白继云对这个戏的最大贡献就在于武旦的出手。出手一般用于表现神仙、魔怪双方的战斗,是一种对战双方的武打场面,武旦为主的《无底洞》《碧波潭》等都有精彩的出手,这种出手一般也有固定的音乐程式。排练时白继云汲取了关肃霜老师的演法,将白素贞的唱腔音乐改【皮黄】为曲子,从而使得主人公与鹤童、鹿童在整个声腔体系上保持了协调统一。再就是"出手"原来用的音乐锣鼓程式比较规矩,也比较老套,明显感觉到紧张格斗的气氛不够。为解决这个难题,白继云又想到了用类似《雁荡山》夺刀节奏的混牌子来替代的办法,节奏催上去了,而所有的打斗又都在京剧的锣鼓点里,在音乐的紧张变化中,白素贞的身段程式、出手节奏又相应地进行了修改调整,从而使得这出《盗草》从声腔艺术到演员表演至格斗场面表现完整统一,《盗草》重新设计后,成为经常独立演出的经典版本。四团去香港演出时,武旦剧目就是《盗草》,主演是李丽。

白继云爱思考,有巧技,剧院曾与日本的表演艺术家市川猿之助先生合作过《坂本龙马》,白继云因这个项目给市川猿之助先生留下深刻印象,他们也因此产生友谊。市川猿之助先生对白继云的艺术很信任,自《坂本龙马》之后,连续十年请他去剧团担当艺术指导,负责他的连台《新三国》系列的场面编排以及相关技术指导工作。白继云也确实很认真,他为《新三国》系列的编排想出了很多妙招,也为演出队伍的齐整想了不少办法。当时同去的还有任凤坡。记得当时白继云他们赴日之前,先买了三套跳棋,干什么用呢?就是在棋盘上谋篇布局,以跳棋来代替魏、蜀、吴各方势力。白继云人缘好,与凤坡他们合作一直

:: 超派歌舞伎《新三国志》第一部节目单剧照，东京新桥演舞场化妆间白继云与部分京剧演员合影

:: 为日本剧团担任技导

关系融洽，大家劲往一处使，在棋盘上出谋划策，指点江山，一次又一次把精彩的《新三国》系列推给观众。

歌舞伎的表演程式跟京剧不一样，为了让市川猿之助先生的演出更加出彩，表演更抓人，白继云在整体编排的同时，还在道具上下了功夫。市川猿之助先生曾演过一个猎人，与使用双头锤的对手交战，对方把双头锤扔过来，猎人用武器接住，甩起来。白继云就在市川猿之助先生使用的这个道具上做了一点小文章，他特别邀请当时京剧院最好的道具师傅李鸿儒先生在市川猿之助先生的道具上加了一个小楔子，等双头锤一插进来，转起来之后，有了这个小关卡，就能既有速度，好看惊险显技能，又能保证不轻易甩出去，又快又安全。

市川猿之助先生很满意，制作方也非常感激。白继云是演员出身，他了解演员的需求，编排往往都是从演员的需要出发，设计出来的身段、档子甚至小小道具都能令演员感觉舒服。

还有就是人员保障。因为歌舞伎表演与京剧的差异性，两者之间的协调成为编排重点，其中有一个剧目还差一个京剧旦角，白继云兜里东西很多，他就找了条件合适的男生，教他旦角身段。因为白继云在戏校读书的时候就很好学，他不仅学老生、武生，很多旦角戏他也看，也学，尤其是对范富喜等几位先生的身段更是赞赏钦佩，他就将学校所学所得的本领用在了这里。所以说他肚里宽绰，东西多，给人出的主意也多，编排起来总能出彩。

:: 刘长瑜与市川猿之助先生合影

如前面所说，刘长瑜和白继云同时分到京剧院，但他们之前并不在一起，先是分在两个团，后来又分在两个剧组。只有到了20世纪八九十年代刘长瑜逐步恢复整理传统戏并创排自己的新戏的时候，白继云才跟她到了一个团，刘长瑜在琢磨戏的时候也能随时随地跟他讨论。刘长瑜后来排的那些戏都是有什么过不去的地方就请白继云帮忙出主意，他也了解刘长瑜，编排出来的东西特别适合她，往往是开戏前他在台口递水送毛巾，开戏后他就站在台下看，尤其是有一些他们自己修改、创作的点，最要关注台下观众的反应，只有观众们反应好了，才算过关，反应不好的话就得重新修改，直至台下满意，台上也才心安。可以说，在艺术上，白继云给了刘长瑜莫大的帮助，他既是她的生活伴侣，更是她的艺术明师，精雕细琢，才让刘长瑜的艺术成就更加卓越。

《红灯照》是领导倡议排的戏,因种种原因搁置,之后重新动议创排。李紫贵老师是总导演,底下的分场编排就由白继云他们担当。因为以八国联军时天津一些女孩子自发组织反帝运动为故事原型,所以剧中有晚间挑灯练武的场景,这场"跑灯"的舞蹈编排就是白继云他们设计的。"跑灯"一开始是全台全黑,只见灯不见人,跑起来速度很快,队形也变化多端,"灯"这个点睛的道具制作也特别有创意,这就是完全利用了京剧的各种队形做出舞台效果。

再说当时的动作武打设计,也是经过精心琢磨与编排的。当时张云溪、张春华老师都在这个剧组,他们贡献了极好的创意。比如大师姐给田小雁"教刀"的前后照应,就是张云溪先生的点子,白继云他们在编排的时候也是很巧的:对方抓住你的手,你怎么也挣不开,他就教你活动腕子,刀绕一个圈儿,赶紧撒手,再接刀,一套编排一气呵成,非常讨俏。夺刀、挑刀、接刀在两个人之间来回转换,动作性很强,节奏很快,很有看头,舞台效果非常好,又因云溪先生的主意前后得以照应,整个情节、人物思想得以连贯,寓意也更加明晰深刻。这套动作原来是给田小雁设计的,练起来也不难,设计很合理,舞台效果显著。

再有一个比较精彩的场面编排就是操练弓箭,创作源泉来自白继云在上海时看过的舞剧《小刀会》。京剧的弓箭舞用的还是京剧的音乐,主要在形体上有所借鉴。演员舞蹈时先拉弓,拉弓时弓背朝外,弓弦朝里,弹起来,小翻身,然后接弓,亮相,这就是吸收别人的东西变为自己的精华。这些设计看似简单,其实不然,白继云也是得益于早年的多学多看多练多琢磨。他刚分到京剧院时很幸运,当时没有女朋友,一心扑在戏上面,白天练完功,晚上就在人民剧场看李少春、袁世海、张云溪、张春华等先生的戏,所见所学特别多,所以他特别能化用,用在哪儿了都还是京剧的玩意儿,非常地道。个人见多识广,又兼有集休智慧,所以那时候编出来的东西很好用,有京剧独特的美。《红灯照》出来以后,因为剧目质量过硬,剧场效果很好,所以很多团都来学习,形成了一股观摩学习的风潮。

《辛安驿》原来有荀先生的，后来有李玉茹先生的，刘长瑜学的就是突出了忠奸斗争背景的这个版本。记得当时是江苏省京剧团的董金凤学这出戏，荀先生在江苏饭店住了一段时间。后来荀先生回北京要教这出戏，大家都去学，学校派了曲素英和刘长瑜一起去学习。当时荀先生因为《红楼二尤》不教刘长瑜了，她就在旁边提词，看先生教，每个角色自己在内心琢磨，在心里默默学完了整出《辛安驿》，而且是每个角色都会。后来因为曲素英发高烧生病演不了，戏校每周又都有演出，就问刘长瑜能不能演，于是她就很大胆地演出了。后来刘长瑜调到京剧院，去武汉演了一出《卖水》，还演了这出《辛安驿》。再去香港的时候，就带了大、中、小三个戏：《春草闯堂》《辛安驿》《卖水》。再恢复的时候就是现代戏之后了，刘长瑜原来打70个脚尖没问题，但10年现代戏之后有些地方肯定要修改，所以又是白继云根据她的情况扬长避短，重新进行了设计和编排。白继云为刘长瑜专门设计了一套很好看又很讨俏的反串身段和对枪武打，这两段动作戏都是基于他对她的了解，根据她的个人条件进行的重编。

白继云不但在整理提高剧目中帮着刘长瑜修修补补，他也能在刘长瑜的新编剧目中出色完成新的重点场次的编排。当年，刘长瑜因为受徐荣老师《燕燕》的感染，萌生了移植改编的念头，加上夏永泉等同人的加入，很快成立了创作组，对《燕燕》进行移植改编。白继云就在很多重点的，能表心、表情、表理，又能显示唱、念、做、打，手、眼、身、法、步的地方给她精心编排，为她的每次上场、表演做了合理梳理。

首先，是燕燕得知不用嫁给老员外时，去给恩人李维德送茶的编排。此处有耍盘子的功夫展示。刘长瑜因为手术原因抢时间，这项技能就是躺在病床上练的。这个耍盘子她之前是特地向齐兰秋老师请教过的，之后经过病床上的反复练习才得以成就。不同于《小上坟》的盘子底下有窝儿，这个盘子是直接用纸板压的，很不好耍，并没有机关，全凭技艺。此处表现的情节是：燕燕本来宁死不愿意嫁给57岁的老员外，但她作为地位最低的奴婢又无法反抗，这时公子李维德救了她，她得以不必违心出嫁，暂时松一口气，而老夫人让她去给李维德送茶，燕燕这时候是放松了很多，她很感激李维德，那么表演应该到什么程度呢？肯定不是心花怒放，只能怀着感恩的心，有一种释放的感觉。所以此处的编排也不念京白，燕燕并不是青春少女的自然状态，她既高兴又感恩，同时又有对未来无法把握的茫然不可控。白继云在排编的时候，对主人公的心理把握的度就非常好，在上场唱【流水】之前，他给演员编排了一套非常好的身段：花园今天空气这么清新，花鸟这样美好，燕燕托盘而上，听见鸟儿似为自己鸣叫歌唱，轻快地转过身来，轻轻地几步走到"鸟鸣处"，似乎也要逗逗它们，然后把杯子拿开，边耍盘子边舞蹈。有了这段身段的铺垫才开唱【流水】，整个编排行云流水，把角色的心理过程缕得清清楚楚，演员做起身段来有章可循，有情可表，观众看了也觉得自然妥贴。

第二处精彩的场面编排是送被子。作为一个没有人身自由的奴婢，李维德这样一个贵公子对她表现出爱慕，燕燕非常惶恐，从她的身份来说这是不可能的事情，但从一个少女的心态出发，她又很感恩李维德。她对李维德知恩图报，对他也很有好感，在他示爱之后惶恐不安地跑走了，正好下雨了，老夫人又让她去给李维德送被子。这一段就需要用音乐、唱腔、身段等把燕燕作为少女的内心初恋的萌动充分地表达出来。徐棻老师这段唱词原本写得非常好，京剧也用得很好，【反四平】的唱腔蕴含了少女心思的感情表达，刘长瑜运用的这些演员的身段表演当时都是白继云设计的。又有蒙蒙细雨，又有被子在手，又有灯，怎么拿，怎么配合？还有那种讲究分寸细腻的喜悦心情，身段如何出？白继云的设计是一出来就是跳水坑，这个设计既符合下雨的环境，也符合燕燕雀跃的心情，少女的感情适度地得到体现。整个身段都应该是边唱边舞，没有身段会显得很干，人物没有看头。

最后最重要的就是"哭路"，这个情景也是雨中。本来李维德要娶燕燕，她终于可以改变身份，获得自由与自尊，一段【南梆子】唱的就是"脱去我半边裙，自在为人"，可惜李维德道德败坏，反娶小姐，而且还让燕燕去说媒，这一情节大跌宕使得燕燕本已受伤很深的心又被撒盐，更加痛苦愤恨。刘长瑜分析燕燕内心是痛苦不堪的，但因为她善良，所以到最后，她决定忍住自己的情绪，把情况向小姐说明，劝说小姐不要嫁给李维德这样失信背义的小人。她力图揭穿李维德，挽救小姐的命运，所以这段在音乐调性上也有一个很大的转变。整个"哭路"编剧的文词完全以景语来写情语，燕燕的表演由【导板】开场，为人物心情做好铺垫，隐上，到了台前，滑倒，表演上也借鉴了《红色娘子军》杨秋玲扮演的吴清华的一个上场，就是双手垂着，没有身段，欲哭无泪的情状。她内心在流血、流泪的同时又还在为小姐考虑，这也促使她去"说媒"，去揭露恶人之险恶（从而升华了主人公自己），这份良心支撑着她的精神。这一段是燕燕内心的重点场，也是情节的大转折，所以从一更鼓一直到三更鼓边唱边舞，在表演上圆场、滑倒、翻身、退步等一系列冒雨前行的动作身段都是白继云参与设计，他帮着刘长瑜把燕燕这个人物的内心进行了外化的解析与呈现，让观众接受了人物，也接受了刘长瑜的表演。

白继云与刘长瑜相伴一生，白首偕老，他就是一个孜孜不倦的匠人，一刀一斧雕琢了她，耐心打磨、涵养并成就了她。

参考资料

[1] 之江.优秀的人才 精湛的艺术——谈中国戏曲学校实验剧团的三出旦角戏.上海戏剧:1961/12

[2] 梅美.翩若惊鸿,宛若游龙——京剧花旦舞蹈身段小释.上海戏剧:1962/1

[3] 刘厚生.京剧向何处去——京剧艺术座谈会发言摘要.人民戏剧:1980/1

[4] 霍大寿.赋古老的京剧艺术以现代美——记著名京剧演员刘长瑜.人民戏剧:1980/6

[5] 胡芝风.要适应今天观众的"心气".人民戏剧:1981/1

[6] 刘亮.深化、求新.人民戏剧:1981/2/15

[7] 朱颖辉.雏凤清于老凤声——从荀本《红楼二尤》的整理、演出看流派戏的继承革新.人民戏剧:1981/3

[8] 程功恩.有感于刘长瑜赞李维康.人民戏剧:1981/6/15

[9] 陈培仲.带刺的玫瑰与柔弱的小草——看刘长瑜主演的《红楼二尤》.戏曲艺术:1981/7

[10] 李玉芙.多演戏才能出人才.人民戏剧:1982/2

[11] 郭永江.京剧《燕燕》与京剧艺术革新——张庚、冯牧、刘厚生与刘长瑜、夏永泉、郭自勤的一次谈话.人民戏剧:1982/4

[12] 中国戏剧家协会连续举行座谈会 畅谈戏剧团体的体制改革问题.戏剧报:1983/2/15

[13] 欣义.文化部休假团的艺术家们.大连日报:1983/7/30

[14] 赵智勇.刘长瑜等到信阳干休所慰问演出.战斗报:1983/10/25

[15] 陈慧敏.剧团体制改革的又一探索——中国京剧院试验外出合作演出小分队.戏剧报:1984/2/15

[16] 首届戏剧报梅花奖授奖大会在京隆重举行.戏剧报:1984/3/16

[17] 霍大寿.优秀中青年演员的历史盛会——首届"梅花奖"授奖活动侧记.戏剧报:1984/3/16

[18] 赓续华.珠联璧合的南北京剧大会串.戏剧报:1984/4/15

[19] 胡芝风.愿剧院"松绑",盼您再次南来!——致刘长瑜 戏剧报:1984/5/15

[20] 魏一峰.一定要给中青年主演"吃偏食".戏剧报:1984/5/15

[21] 刘长瑜.演员流动好.文汇报:1984/6/8

[22] 伊平."小百花"笑迎文艺春天——浙江省越剧小百花演出团表演艺术座谈会摘要.戏剧报:1984/6/14

[23] 维庆,曲荣斌.在贵宾室里访著名京剧演员刘长瑜.哈尔滨日报:1984/7/8

[24] 尔冬.第一届"梅花奖"获得者——刘长瑜——一位不断求索的京剧演员.戏曲艺术:1984/9

[25] 刘洪礼.执着于事业的人——著名京剧演员刘长瑜.山东日报星期刊:1984/11/25

[26] 丁正良.访刘长瑜——她希望来到太湖之滨,为家乡父老献艺.无锡日报:1984/4/5

[27] 朱文相.向往上海话燕燕——访著名京剧演员刘长瑜.舞台与观众周报:1984/5/25

[28] 张曙.台上台下姐妹花——刘长瑜、孙玉敏在上海.解放日报:1984/6/2

[29] 徐城北.出新而不着痕迹.新民晚报:1984/6/4

[30] 唐斯傅,霍大寿.她给她们都立了传.文汇报:1984/6/14

[31] 刘长瑜.花旦的手指.新民晚报:1984/6/20

[32] 陈诏.观中年京剧演员汇演有感.舞台与观众:1984/6/22

[33] 毕国顺,魏佳雪.刘长瑜吴国松等举行首场义演.黑龙江日报:1984/7/7

[34] 亮鑫,步高.急管繁弦笑语多——电视台昨晚京剧盛会.新民晚报:1984/8/8

[35] 方梨.谭诗诗奇缘巧合得拜刘长瑜为师.晶报:1984/8/31

[36] 刘长瑜.我这次南来.大公报:1984/9/2

[37] 曲六乙.刘长瑜.中国戏剧年鉴:1985/1

[38] 毕国顺,魏佳雪.久违仍是当年姿——访刘长瑜.生活报:1985/1/27

[39] 陈庄,刘浪.著名京剧演员刘长瑜、寇春华来我市指导教学并演出.黄石日报:1985/2/6

[40] 吴家兴,宋述."赋古老京剧艺术以现代美"——访著名京剧演员刘长瑜.江汉早报:1985/2/14

[41] 陶方龙,靳亚民.刘长瑜前晚在我市主演《春草闯堂》——昔年"铁梅"今"春草"艺惊沙头百媚生.沙市报:1985/2/9

[42] 胡汉保.著名京剧演员.江汉早报:1985/2/10

[43] 孟保安.刘长瑜演活小"春草".长江日报:1985/2/25

[44] 小文.艺海明珠刘长瑜江城献艺.江汉早报:1985/2/25

[45] 文耀华. 刘长瑜在江城献艺. 湖北日报：1985/2/25

[46] 启敏克兰. 也该表表他——刘长瑜赞丈夫白继云. 湖北日报：1985/3/3

[47] 胡忠谦. 活跃东汉水两岸. 工人日报：1985/3/31

[48] 文耀华. 艺坛拾蕙——刘长瑜在武汉. 江汉早报：1985/3/5

[49] 廖达武. 中国京剧院著名演员刘长瑜. 湖北广播报：1985/3/5

[50] 庄永建. 我要否定认为中国戏曲"不时髦"的观点. 戏剧报：1985/4/1

[51] 李永君. 依然娇悦昔时形——访刘长瑜. 今晚报：1985/4/2

[52] 张宝山. 访著名荀派花旦刘长瑜. 天津日报：1985/4/2

[53] 晓赓. 刘长瑜、寇春华饮誉大江滨. 戏剧报：1985/4/16

[54] 文化部决定刘长瑜、李维康各晋升一级. 戏剧报：1985/5/1

[55] 宋任穷就振兴京剧问题写信给刘长瑜. 戏剧报：1985/5/16

[56] 方芳. 要大讲团结. 戏剧报：1985/5/16

[57] 谢宗惠. 改进京剧演出的方式. 戏剧报：1985/5/31

[58] 萧铜. 传统戏剧节昨演《四郎探母》刘长瑜唱念做均佳. 文汇报：1985/5/28

[59] 吴大棠. 李铁梅谈《红灯记》——访著名京剧演员刘长瑜. 湖北晚报：1985/8/7

[60] 赞刘长瑜来荆传艺. 荆门报：1985/8/24

[61] 艺海无边师生情深. 长江旅游报：1985（第十期）

[62] 傅彩如，刘子修. "他们带来了好艺术和好作风"——信阳苏北观众称赞刘长瑜、杨秋玲等巡回演出树新风. 北京晚报，信阳市人民广播站：1985/10/27

[63] 宋任穷探望京剧演员刘长瑜、李维康、孙毓敏. 戏剧报：1986/1/16

[64] 胡泉馥. 借鉴中提高 继承中发展. 潍坊报：1986/1/25

[65] 伊平. 传情写意 声情并茂——京剧《卖水》唱腔选段赏析. 戏剧报：1986/1/31

[66] 萧旭. 喜看"双梅"并蒂开. 戏剧报：1986/2/15

[67] 傅成林. 希望认真推广戏曲演出报幕员的工作. 戏剧报：1986/2/15

[68] 陈永芳. 刘长瑜黄石示范. 戏剧报：1986/6/30

[69] 李江水. 古典美与现代美的和谐统一. 戏剧报：1986/6/30

[70] 源泪. 戏曲改革及其他. 洛阳日报：1986/12/21

[71] 鲁野. 访刘长瑜. 扬子晚报：1987/1/4

[72] 邹忆青. 刘长瑜和《卖水》. 戏曲艺术：1987/4

[73] 刘长瑜. 我和广播电视台. 湖北广播电视报：1987/10/5

[74] 秦钟.她属于春天——著名京剧表演艺术家刘长瑜印象记.桂林广播电视报:1988/2/6

[75] 陈蓉蓉.刘长瑜第一花旦——有创意不拘形格.联合报:1988/4/6

[76] 陈蓉蓉.博采众长,爱戏成痴——刘长瑜.中时晚报:1988/7/11

[77] 刘澄泉."十七岁"的风采.枣庄矿工报:1989/5/1

[78] 张培宣.做人要做这样的人——记著名京剧演员刘长瑜.青岛广播电视报:1990/7/30

[79] 邱顺峰,李炳庠.京剧中兴有望——访"中国第一花旦"刘长瑜.秦皇岛日报:1990/8/10

[80] 篷生蒋淑君.刘长瑜的心愿.中国青年报:1990/12/28

[81] 赵雪茜.名角演出赢得一片喝彩.每月谈:1990/8

[82] 郭汉城.以史为鉴 写人写情.人民日报:1991/1/8

[83] 任之初.今日李铁梅.上海文化艺术报:1991/1/18

[84] 李文茹.生活中的李铁梅——访著名京剧表演艺术家刘长瑜.经济参考报:1991/1/21

[85] 罗松."红灯"再亮访长瑜.中国戏剧:1991/3

[86] 在武汉走访京剧名家.羊城晚报:1991/3/15

[87] 关于《玉树后庭花》的通信.北京晚报:1991/3/23

[88] 岳扬.李雪健、刘长瑜来邕演出 为第四届民运会作贡献.体育春秋:1991/6/25

[89] 刘长瑜收章尔琴为徒.中国戏剧:1992/4

[90] 章尔琴.润物细无声 我印象中的刘长瑜老师.中国戏剧:1992/4

[91] 霍大寿.刘长瑜的艺术理想与执著追求.中国京剧:1992/5

[92] 青谷.面包与艺术之间——记刘长瑜.广播电视报:1992/12/26

[93] 竹风.刘长瑜喜收弟子章尔琴演出专场.戏曲艺术:1992/12/30

[94] 王家熙.我投《梅兰芳金奖大赛》一张废票.解放日报:1993/1/8

[95] 王洪波.刘长瑜:名旦.孝女.普通人.中国文化报:1993/1/8

[96] 鞠健夫.梅兰芳金奖大赛今在京揭晓 刘长瑜等八名演员获金奖.扬子晚报:1993/1/16

[97] 易凯.参加梅兰芳金奖大赛.人民日报:1993/2/2

[98] 霍大寿.金榜题名时——刘长瑜漫笔.中国戏剧:1993/2

[99] 郑芝兰.中京院生旦齐吐芳 刘长瑜杨秋玲各顶一片天.中时晚报:1993/5/9

[100] 曹韵怡.戏迷情深刘长瑜难舍舞台.美国世界日报:1993/5/25

[101] 章明.关于"刘长瑜削发为尼".羊城晚报:1993/4/29

[102] 邓芝兰.中国京剧院18位一级演员搬来近30出连台好戏.中时晚报:1993/5/2

[103] 邓芝兰.小春草叫好叫绝 大闹堂乐昏全场.中时晚报:1993/5/14

[104] 杨元昌.经济师杨蒲生成为戏报收藏家.经济师:1993/5/31

[105] 霍大寿.刘长瑜咏叹调.中国戏剧:1993/6/30

[106] 朱世昌.继往开来的盛会(续)——全国政协八届一次会议日记摘抄.中国天主教:1993/9/10

[107] 《梅兰芳金奖》演员艺踪何在.中国京剧:1993/10

[108] 《梅兰芳金奖大赛》(生角组)评选揭晓.中国京剧:1993/12

[109] 祁照邻."小铁梅"重担已何止八百斤.周末大观:1995/5/12

[110] 兰河.尊师敬业德艺日馨——张建国近记.中国京剧:1995/5

[111] 鲁泉.刘长瑜心系京剧大业千秋.文汇报:1995/6/25

[112] 白玉.刘长瑜的管理艺术.中国文化报:1996/3/3

[113] 赫景秀.刘长瑜:戏剧人生不尽情.中国文化报:1996/4/15

[114] 贺兰山.刘长瑜的戏剧人生.当代电视:1996/6/15

[115] 晓耕."铁梅"挑起千斤担——近访刘长瑜.中国戏剧:1996/8

[116] 阿龙.《北国红菇娘》在观众中觅知音.中国戏剧:1996/8

[117] 柯立.戏剧人生不言悔——丈夫白继云眼里的刘长瑜.长江日报:1996/12/9

[118] 文亭.睁眼唱戏 闭眼唱歌.音乐天地:1996/12

[119] 雏燕三进中央电视台.大舞台:1996/12

[120] 宋文.悠悠京韵入校园.戏剧之家:1996/12

[121] 陈竹.嗓音响亮 再说家史.新民晚报:1997/1/25

[122] 温思再.我家红灯有人传——刘长瑜印象.新民晚报:1997/1/16

[123] 端木复."我家红灯有人传".解放日报:1997/1/23

[124] 俞新宝.三代铁梅喜相逢.解放日报:1997/1/25

[125] 松子.范钧宏诞辰八十周年纪念活动在京举行.中国戏剧:1997/2

[126] 刘育书."她"是谁.咬文嚼字:1997/8/15

[127] 圆圆.刘长瑜脱俗对人生.澳门日报:1997/9/16

[128] 沈卫星．思想道德高尚 艺术成就卓著——中国文联各文艺家协会德艺双馨中青年会员风录．光明日报：1997/12/3

[129] 刘长瑜．德高方能艺高．中国戏剧：1997/12

[130] 刘长瑜．德高艺精是艺术家的追求．中国京剧：1998/1

[131] 简朴．德美艺精芬芳菊坛．中国京剧：1998/1

[132] 傅煦．土法上马排演《红灯记》．中国京剧：1998/8

[133] 施海鲲．中国京剧院全梁上霸大义演．戏剧电影报：1998/9/10

[134] 贾妍．又见"李铁梅"．西安日报：1998/9/13

[135] 中国京剧院举办赈灾义演．中国京剧：1998/9

[136] 杨连元．京剧"名角"的组合．大舞台：1998/10/15

[137] 阎德威．尝试 探索 体会——戏曲电视剧《乐昌公主》导演札记．戏剧之家：1998/12

[138] 刘玉琴．中国京剧院将赴意大利巡演．人民日报：1999/3/5

[139] 吴焕．刘长瑜天下游．戏剧电影报：1999/4/19

[140] 刘长瑜：演李铁梅"祸福兼半"．羊城晚报：1999/10/20

[141] 柳上惠．我演《红灯记》．申报：2000/1/11

[142] 雪涅．乡村美人．清明：2000/6/15

[143] 郭宏义．舞台荧屏又添新热点．深圳特区报：2001/2

[144] 刘万专．百人洋乐为"国粹伴奏"．深圳晚报：2001/2

[145] 郭洪义．怀旧折射娱乐新问题．深圳特区报：2001/2/12

[146] 刘万专．应该"怀念"还是"忘却"？．深圳晚报：2001/2/12

[147] 杨青．红色经典？．深圳商报：2001/2/16

[148] 王文．怀旧抑或是后现代．深圳特区报：2001/2/23

[149] 郭洪义．刘长瑜：走向市场的京剧需要扶持．深圳特区报：2001/2/26

[150] 王昉．听"铁梅"讲故事——刘长瑜访谈录．深圳商报：2001/2/27

[151] 佐耳．生命如歌琴作声——听马可勃罗的钢琴伴唱《红灯记》．视听技术：2001/4

[152] 慧敏．红灯高举闪闪亮 现代京剧《红灯记》原班人马复演记．中国戏剧：2001/7

[153] 李默然．纪念《讲话》宣传《讲话》．中国戏剧：2002/6/18

[154] 李建莉．心目中的偶像——我的小姨刘长瑜．中国京剧：2003/4

[155] 凡人.茶社.北方牧业:2003/7/30

[156] 周桓.章尔琴:忠于自我追求的演员.戏剧之家:2004/2

[157] 崔普权.青春不老缘自内心坦然———近访刘长瑜.长寿:2004/5/1

[158] 金舒年.谈戏偶录.中国京剧:2004/9

[159] 彭莲莲.京剧花旦表演艺术探微.戏剧文学:2004/9/15

[160] 晓崔.中国文联、中国剧协在京举办纪念梅兰芳、周信芳诞辰100周年座谈会.中国戏剧:2004/12

[161] 冻凤秋.刘长瑜:我有一颗红亮的心.河南日报:2005/7/27

[162] 郭春.京剧群星映三峡 中国戏剧家"新三峡行"演出、研讨交流活动侧记.中国戏剧:2005/7

[163] 普权.刘长瑜:舞出人生天地宽.药物与人:2005/9

[164] 张骥良.刘长瑜:我与李铁梅.新长征:2005/9/25

[165] 莫璇.国粹京剧是不会消亡的.广西日报:2005/11/9

[166] 刘臣君."李铁梅"与沈阳戏迷"亲密接触".辽沈晚报:2006/3/19

[167] 翟波.刘长瑜当选中国京剧艺术基金会第二届理事会理事长.中国京剧:2006/4

[168] 马珂."十九和弦"唱响潇湘.新闻天地:2006/8/1

[169] 浦树柔.四大名家谈京剧创新.瞭望新闻周刊:2006/12/11

[170] 陈亚泰.对京剧《勘玉钏》的一些看法.中国京剧:2007/3

[171] 刘婧.竹品兰香 德艺双馨.中国文化报:2007/5/28

[172] 翟波.京沪京昆少年精英 荟萃香江喜庆回归——中国少年京剧艺术团第六次赴港演出.中国京剧:2007/9

[173] 王翠竹."徽剧是京剧的根".黄山日报:2007/9/16

[174] 尹维颖.15名家摆盛宴.晶报:2007/10/22

[175] 史小岩."李铁梅 杨子荣"群英会.深圳晚报:2007/10/24

[176] 关万维."接受传统中美好的东西".深圳商报:2007/10/25

[177] 史小岩."名家名曲演唱会"今晚锣鼓开场.深圳晚报:2007/10/26

[178] 尹维颖.名家今晚唱名曲.晶报:2007/10/26

[179] 杨媚.名家名段铺就戏曲盛宴.深圳特区报:2007/10/26

[180] 郑东升.梨园名家昨晚深圳畅想"中华之声".深圳特区报:2007/10/27

[181] 彭宽．刘长瑜、王蓉蓉：让京剧艺术为人文奥运添彩．中国艺术报：2008/3/11

[182] 黄小驹．多些传世之作 少些"礼花戏"．中国文化报：2008/3/18

[183] 封杰．拜师，并不是一种形式——记京剧名家李长春、刘长瑜收徒．中国京剧：2008/6

[184] 贾占生．严守本体 大胆创新——新编京剧《响九霄》晋京演出专家座谈会纪要．大舞台：2008/7

[185] 李磊．刘长瑜：演"李铁梅"是我的幸运．大庆日报：2008/8/7

[186] 演员赵玉华和她的戏．大舞台：2008/9

[187] 李树平．璞玉无华——记优秀京剧演员赵玉华．大舞台：2008/11

[188] 丁艳玉．戏曲演员的文化责任．中国戏剧：2008/12

[189] 纪念荀慧生诞辰110周年荀派频临失传剧目展演．中国演员：2009/4

[190] 封杰．红灯照我永向前——北京京剧院梅剧团排演《红灯记》座谈会摘要．中国京剧：2009/7

[191] 封杰．罗戎征拜师刘长瑜．中国戏剧：2010/1

[192] 翟波．中国京剧艺术基金会召开理事会．中国京剧：2010/4

[193] 中国戏剧家协会第七届名誉主席、顾问名单．中国戏剧：2010/7

[194] 朱虹．学艺随笔．中国京剧：2010/12

[195] 董大汗．京剧申遗热后的冷思考．中国艺术报：2010/12/14

[196] 第二届"荀学理论研讨会"召开．中国演员：2010/12

[197] 赵天．京剧名家唱响红色经典．扬州日报：2011/6/13

[198] 大型现代京剧《红灯记》唱响大剧院．温州人：2011/6/23

[199] 刘长瑜学演吉剧．戏剧文学：2011/7

[200] 王飞．现代京剧《红灯记》诞生的前前后后．湖北档案：2011/12

[201] 沈国凡．现代京剧《红灯记》演员人选内幕．文史精华：2012/2/6

[202] 孟昭庚．从电影《自有后来人》到现代京剧《红灯记》．党史纵览：2013/2/15

[203] 张艳红．解放思想 与时俱进——浅谈刘长瑜表演风格中的时代感．梅兰芳与京剧的传播（下）——第五届京剧学国际学术研讨会论文集：2013/5/17

[204] 苏丽萍．刘长瑜：有些京剧创新实际上是倒退．光明日报：2013/8/17

[205] 王阿娜．我对《春草闯堂》的角色分析．戏剧之家（上半月）：2014/3

[206] 周淑红. "后革命"氛围中的回潮. 粤海风:2014/5/15

[207] 张文睿.《红灯记》的前世今生. 当代电力文化:2014/7/15

[208] 刘刚. 谈范钧宏剧作特征及其启示. 中国戏剧:2014/7

[209] 红色现代京剧《红灯记》. 走向世界:2014/7/22

[210] 李立超. "分裂"与"合谋". 小说评论:2014/9/20

[211] 刘孟琳. 刍议京剧花旦表演艺术. 戏剧之家:2014/10

[212] 王蕴明. 由"移步而不换形"述及京剧的传承与发展 在梅兰芳表演体系国际学术研讨会上的发言. 当代戏剧:2014/11

[213] 扬扬. 表演艺术家裴艳玲研讨会在津举行. 中国戏剧:2014/11

[214] 康曦. 源静则流清,本固则丰茂——记恩师刘长瑜. 东方艺术:2014/12

[215] 鲁博林. 义无反顾地扎根到人民中去. 光明日报:2015/1/19

[216] 沈志良. 强化实践性:京剧教学改革的核心. 戏剧之家:2015/1

[217] 冯永宇. 人才是最大的核心竞争力. 中国文化报:2015/2/2

[218] 宋小朱. 钢琴曲《红灯记》的产生及音乐处理. 陕西教育(高教):2015/2

[219] 姜凌. 民国以来戏曲《游龙戏凤》舞台演出情况之一瞥. 齐鲁艺苑:2015/4

[220] 悦之. 现代京剧演唱会五月绽放梅兰芳大剧院. 台声:2015/4/20

[221] 施京吾. 且听雁在云中鸣——云燕铭谈片. 同舟共进:2015/6/1

[222] 易木. 俏也不争春. 中国文化报:2015/6/2

[223] 八面来风. 中国戏剧:2015/6

[224] 苏丽萍. 让中华戏曲艺术薪火相传. 光明日报:2015/7/27

[225] 中国戏剧家协会第八届名誉主席、顾问名单. 中国戏剧:2015/8/20

[226] 罗群. 情真意切 感人肺腑. 中国文化报:2015/11/10

[227] 吴钢. 梅花奖旧事. 中国摄影家:2016/1

[228] 张建友. 从零起步,让孩子们爱上京剧. 中国文化报:2016/3/1

[229] 吴青青. 荀派艺术的创新性在京剧《卖水》中的延伸发展. 黄河之声:2016/3/8

[230] 东艺. 庆祝中国共产党成立95周年 河南省京剧艺术中心复排现代京剧《红灯记》. 东方艺术:2016/7

[231] 李楠. 温情的演出,别样的意义. 中国艺术报:2017/2/6

[232] 传承保护京剧艺术在行动——中国京剧艺术基金会《京剧艺术传承与保护工程——老艺术家谈戏说艺》成果丰硕. 中国文化报:2017/3/8

[233] 翁松梅.活用程式 演活角色.戏剧之家:2017/5

[234] 郜元宝.汪曾祺结缘上海小史.扬子江评论:2017/8/28

[235] 郑紫涵.浅谈《红灯记》成败得失.戏剧之家:2017/9

[236] 吴钢.《红灯记》与《斩经堂》.中国戏剧:2018/3

[237] 夏永泉.一出戏60年三级跳——《红楼二尤》学、演、拍经历简述.中国京剧:2019/1

[238] 罗戎征.《红楼二尤》演出拍摄感想.中国京剧:2019/1

[239] 唐禾香.步入银幕 反观舞台——拍摄《红楼二尤》的点滴感悟.中国京剧:2019/1

[240] 张刃.北京前门外忆旧(下).工会博览:2019/1

[241] 国京.索明芳专场演出将办.中国京剧:2019/4

不完整收录

[1] 鲁嗣杰.刘长瑜近事

[2] 张敏,邹士方.两访刘长瑜.人民政协报

[3] 温岩.中国第一花旦——访著名京剧演员刘长瑜.1987/9/19

[4] 宋守潭.成名之后更谦逊——访新增补的全国政协委员著名京剧演员刘长瑜

[5] 张玉珏.听来的印象——白继云谈他的爱人刘长瑜

[6] 中国京剧艺术在日本受到欢迎.戏剧报.1964/1/31

[7] 今日"李铁梅"任之初

[8] 李更."铁梅"今安在?.1987/10/20

[9] 吴流生.她,事业第一——访著名京剧表演艺术家刘长瑜

[10] 孙豹隐.京剧振兴在今朝——访著名京剧演员刘长瑜

[11] 宋爱录.精英荟萃 异彩纷呈——著名京剧演员刘长瑜、李欣、李岩等演出观后

[12] 冯瑜.风韵犹存"李铁梅"——访著名京剧演员刘长瑜

[13] 阿欣.刘长瑜为河北育人

[14] 高燕.自由的春草——访刘长瑜

[15] 王家熙."小铁梅"的思考——访刘长瑜.1986

[16] 庆东文.她,是一个乐天派——访著名京剧演员刘长瑜.北京吉普报

[17] 任德峰.当年"小铁梅"又说《红灯记》——近访刘长瑜

[18] 苗年生, 篷生. 荀门兄妹情

[19] 孟保安.《红灯记》"三代人"近况

[20] 晓培. 她骨髓里都是京味, 刘长瑜的艺术魅力. 广播电视周报, 371期

[21] 中国京剧院主要演员刘长瑜. 舞台与观众.1984/6/1

[22] 纪慧玲. 京剧"安可"两曲 刘长瑜为"高半度"拼了

[23] 唐思敏. 喜看长瑜演《燕燕》. 四川工人报

[24] 江上州. 京剧继承的传与教

[25] 易永讯. 祝愿荆门市在党的三中全会指引下快速前进. 荆门报

[26] 著名中年京剧演员下月会串. 新民晚报.1984.5.24

[27] 上海电台、电视台将举办著名中年京剧演员专场演出. 上海—舞台与观众.1984.5.25

[28] 云程, 陶然. 漫话"四演"戏.1984/6/15

[29] 晓雯. 刘长瑜暑期开办家庭学馆 众弟子云集首都艺德双收

[30] "李铁梅"来汉献艺. 武汉晚报.1985/2/22

[31] 全国青联委员、学联代表到京 刘长瑜等出席青联会议. 中国青年报.1983/8/16

[32] 宝人和粤剧一团二十六日起在百灵殿演出. 新登日报.1984/8/31

[33] 夏耘. 看铁梅再现 激发当年情

[34] 沈吉诚. 京剧汇演 珠联璧合

[35] 陈永芳. 刘长瑜黄石示范

[36] 芳子. 京华重睹《红灯记》. 解放日报

[37] 大陆当家花旦刘长瑜影带可能上台湾荧幕. 中国时报

[38] 刘长瑜. 心香——回忆张君秋先生对我的教益.1999/11

[39] 刘长瑜. 无忧无虑唱《会审》.1984/6/8

[40] 刘长瑜. 我们应自尊自重

[41] 刘长瑜. 关于京剧《买水》.1982年春

[42] 刘长瑜来港任指导——谭咏诗宝人和演出. 大公报.1984/8/31

[43] 京剧名旦刘长瑜应邀任艺术指导. 香港成报.1984/8/31

[44] 京剧名旦刘长瑜为宝人和任指导. 东方日报.1984/8/31

[45] 刘长瑜应邀昨晚抵荆. 荆门报.1985/1/17

[46] "铁梅"进荆 盛况空前. 易永讯.1985/1/26

[47] 京剧名旦名不虚传 . 王明雄 .1985/1/26

[48] 奉和尹公《迎嘉宾》诗 .1985/1/26

[49] 刘长瑜叶蓬艾美君昨演全本四郎探母 . 大公报 .1985/5/28

[50] "京鼎"邀演京剧——刘长瑜九月再来港 . 文汇报 .1985/6/7

[51] 提高观众对京剧兴趣——国内制录映带销海外 . 成报 .1985/6/7

[52] 京剧乏年轻观众刘长瑜感到惋惜 . 星岛日报 .1985/6/7

[53] 刘长瑜在汉收徒 . 武汉晚报 .1985/8/7

[54] 宋爱录 . 率真自然 风韵独展 .1986/1/29

[55] 二汽建设 . 梨园弟子献艺二汽 京剧独占车城春色 .1986/12/4

[56] 中国京剧院三团莅石演出 . 霞光舞台 .1987/6/17

[57] 大可 . 一枝红杏出墙来 .1987/10/16

[58] 刘长瑜留下完美 .1988/7/10

[59] 刘长瑜角色至亲 .1988/7/10

[60] 李德成 . 民族之声明星演唱会在邕首演 .1991/6/22

[61] 北京重演《红灯记》. 党的建设

[62] 梅兰芳金奖大赛 . 民政之声报 . 月末增刊

[63] 刘长瑜脱俗对人生 . 特区文稿 .1997/9/16

[64] 我看现代戏的四条理由 . 深圳商报 .2001/2

[65] 著名京剧演员前晚举行首演——奉献精湛艺术 赢得满堂喝彩 . 三水

[66] 林青霞徐枫看京剧——对刘长瑜宋小川演出赞不绝口 . 娱乐

[67] 每周一星 . 王家熙

[68] 袁静明 ."梅花奖"获得者在地毯工人中间

[69] 端木复 ."我家红灯有人传"

[70] 赫景秀 . 让孩子们了解京剧——中国京剧院青年团免费为孩子们演出侧记

[71] 哈米 . 中国京剧院在杭首演——"小春草"大放异彩

[72] 王红 . 刘长瑜在戏内外的是是非非 . 中华儿女

[73] 纪慧玲 ."中京院"百人剧团预计明春来台

[74] 中国著名京剧表演艺术家今日抵二汽慰问演出

[75] 晓雯 . 刘长瑜暑期开办家庭学馆 众弟子云集首都艺德双收 . 江汉早报

[76] 江上舟 . 刘长瑜是荀也是刘

[77] 孙千山. 演人物 唱感情

[78] 刘长瑜. 德高艺精是艺术家的追求

[79] 简朴. 德美艺精 芬芳菊坛

[80] 杨青. 铁梅珂湘政府深圳人. 深圳新闻

[81] 杨青. 杨春霞:一曲"珂湘"唱到今. 深圳周末

[82] 马璇. 三代"李铁梅"深圳上演"红色经典"

[83] "红色经典"倾倒鹏城观众. 深圳报

跋

瑜采流长
——说者无心、听者有意图文录

《瑜采流长：刘长瑜评传》出版算是起了大早，赶了晚集。

笔者自2005年进入中国京剧院就与先生认识，因为工作便利和业务学习，在关注艺术家、积累专业知识过程中不断走近先生，听她谈艺说戏，看她排戏教课，而听得越多，看得越多，了解越多，反倒跌进坑里，更加好奇，想催更，想挖掘更多，于是同步开始了相关报纸、杂志、资料、文献的收集阅读、整理爬梳。年久日深，与先生相关的笔记文档竟然累积了20余万字。内容从先生的学艺到演艺，再到授艺，一生一事攀登艺术高峰；从先生的伴侣到亲人、到朋友、到弟子，一世多情与人为善，点滴杂录，集腋成裘，渐至饱满。

先生总说，前尘往事，过眼云烟，而且比自己更优秀、更卓越的前辈多了去了，自己的些许小事不值得书写。其实，先生的艺术贡献与影响无须笔者赘言，举世共知，美好的往昔今岁当然值得书写和留存，但笔者尊重先生的意愿，对先生的艺术与艺德更添景仰崇敬。

君子之交淡如水。先生照例常来剧院教学、参加各种业务指导和活动，而笔者照例得空就去排练厅"抢沙发"。在先生教戏结束、时间尚且允许的情况下也能请她稍事留驻，一起"聊一聊"，学生和职员仰慕者众，谈笑风生间3句离不了老本行。聊天嘛，说戏嘛，免不了时常"跑跑题"，讲讲剧团和艺术家的各种趣事，却还总在戏上打转转，听者如有意，往往"撸得不少阳光灿灿的金叶了"。何等地逍遥自在，何等地悠然快活。长瑜老师平易近人，总是和颜悦色的，你感觉不到她是大艺术家、大角儿，她就在那里，一会儿天真浪漫小姑娘眉眼神态，一会儿语重心长碎碎念长辈样儿，那样鲜活的时时刻刻成年累月地积攒，不自觉地就会镌刻上心头，也不时不间断地就录入电脑文档，谁能忍心辜负这无情如水东逝的流金时光？眼看她入戏，眼看她说戏，眼看她评戏，眼看她一身艺术，一腔热情，忍不住就要录进手机里，写入文档里，记在心坎里。

"《红灯记》是集体智慧的结晶""李铁梅是大家的荣誉，却都给了我""我何德何能，大家都帮着我"，相同的话，一句一句、一遍一遍地重复着，不要嫌烦，这是刻在刘长瑜老师骨子里的认知与真诚。她想着党的培养、国家的培养、戏校的培养、观众的培养、剧院的培养，她感恩。2025年逢剧院成立70周年大庆，前辈艺术家们大都已出书，而"国家京剧院艺术家系列丛书"即将作为剧院的生日礼物结集呈献，先生才终于松口，答应列入丛书，共同出版。

相比于先生的光辉业绩，台上的光彩照人，家里的文献资料几乎为零，存量照片也散乱稀缺，完全无法匹配。问她怎么演的，头头是道，问她剧照呢，选来选去也没多少合格的！加上当时的摄影照相设备、人员等硬件条件限制，某些内容的图片资料遗憾地留下了缺口，演过的林娘子没有，《风雪云山路》没有，《惠嫂》没有，有关于先生的伴侣、她艺术事业最重要的支持者白继云先生的工作照也没有，没有的多了去了，先生说，那时候精力都在台上，一心想着怎么在台上达到最佳效果，谁还管得了这些呢？！

长瑜先生自认知识、能力有限，记忆也可能讹误偏差；笔者对照采访，爬梳经年累月的日常"聊天记录"，查考相关文献、资料，梳理大略，也难免不足。此次所涉内容主要摘选和整理了先生时常提及的一些相对重要的内容，算不上完整、系统，虽然接触和准备较早，而决定出版却是临了之事，所以也算不得缜密细致。构架成书过程中，最重要的演艺章节中的"剧目纷呈"基本以先生学习和首演时间为序，至于逸事、艺理则主要摘取与先生相关内容进行，省去普遍的泛泛之论；"千演千练"章节中关于"扎根基层"和"文化交流"也因材料缺失，仅录有报道或有节目单为证的可考部分；传艺章节"桃李天下"也因出版时间急迫，仅收录原有和部分徒弟新提供材料；附录"文献资料"则基本以刊发为序，至于出处无可查考则单附于后。

刘长瑜先生的艺术成就厚实，艺术品德高尚，需且行且究，此次初版囿于各种原因只能暂且摘选展示阶段性成果，也是遗憾。然积累虽漫长，成书虽仓促，还是要感谢长瑜先生的点头应允，感谢剧院领导对著书出版的重视，感谢"国家京剧院艺术家系列丛书系列"项目的整体策划与落地，感谢编委会的认真负责，感谢创作和研究中心一众小伙伴们的帮助，感谢众亲朋和先生弟子们的助力，感谢文化发展出版社的合作与付出。

瑜采流长，艺术永恒发声，聊天谈艺时的说者无心和听者有意是机缘，图文录载毕竟人间值得。

2024 年 9 月

作 | 者 | 简 | 介

彭　维

　　文学博士，现任国家京剧院创作和研究中心主任，研究员。主要从事剧目策划、创作组织、戏剧戏曲评论、理论研究工作。参与近百台剧目策划与实施。独立完成学术论著《国家京剧院剧目研究》、传记著作《济世秋声》。主持国家京剧院口述史项目，担任执行主编，出版"难忘的记忆"丛书。参与策划、组织"国家京剧院艺术家系列丛书"，担任执行副主编；出版独立著作《瑜采流长：刘长瑜评传》、合著《瑶草琪花：俊美武旦刘琪画传》；编选出版《范钧宏现代戏剧作选》《小学生京剧一百问》等。中国大百科全书戏曲卷、中国京剧艺术百科全书词条作者。获得国家艺术基金"艺术专业与管理人才国际交流项目"资助，赴英国利兹大学访问交流。担任3项国家艺术基金课题负责人，1项杭州市级课题负责人，多项省、部级课题组成员。入选国家艺术基金青年专家库、文化和旅游部戏曲人才库、群众文艺专家库等。数次担任国家级、省部级艺术展演活动评委专家。在《人民日报》《光明日报》《戏曲研究》《艺术研究》《中国戏剧》等报纸杂志发表文章百余篇。获得第37届田汉戏剧奖·评论一等奖。

特约编辑：樊　翔　余国煌　周祉琦　任　怡　周　亮　李　汴　李春来　马　骏
　　　　　姜建光　王　珺　巩丽娟　等